GREEK
VOCABULARY

FOR ENGLISH SPEAKERS

ENGLISH-GREEK

The most useful words
To expand your lexicon and sharpen
your language skills

3000 words

Greek vocabulary for English speakers - 3000 words

By Andrey Taranov

T&P Books vocabularies are intended for helping you learn, memorize and review foreign words. The dictionary is divided into themes, covering all major spheres of everyday activities, business, science, culture, etc.

The process of learning words using T&P Books' theme-based dictionaries gives you the following advantages:

- Correctly grouped source information predetermines success at subsequent stages of word memorization
- Availability of words derived from the same root allowing memorization of word units (rather than separate words)
- Small units of words facilitate the process of establishing associative links needed for consolidation of vocabulary
- Level of language knowledge can be estimated by the number of learned words

T&P Books Publishing
www.tpbooks.com

ISBN: 978-1-78071-831-6

This book is also available in E-book formats.
Please visit www.tpbooks.com or the major online bookstores.

GREEK VOCABULARY
for English speakers

T&P Books vocabularies are intended to help you learn, memorize, and review foreign words. The vocabulary contains over 3000 commonly used words arranged thematically.

- Vocabulary contains the most commonly used words
- Recommended as an addition to any language course
- Meets the needs of beginners and advanced learners of foreign languages
- Convenient for daily use, revision sessions, and self-testing activities
- Allows you to assess your vocabulary

Special features of the vocabulary

- Words are organized according to their meaning, not alphabetically
- Words are presented in three columns to facilitate the reviewing and self-testing processes
- Words in groups are divided into small blocks to facilitate the learning process
- The vocabulary offers a convenient and simple transcription of each foreign word

The vocabulary has 101 topics including:

Basic Concepts, Numbers, Colors, Months, Seasons, Units of Measurement, Clothing & Accessories, Food & Nutrition, Restaurant, Family Members, Relatives, Character, Feelings, Emotions, Diseases, City, Town, Sightseeing, Shopping, Money, House, Home, Office, Working in the Office, Import & Export, Marketing, Job Search, Sports, Education, Computer, Internet, Tools, Nature, Countries, Nationalities and more ...

T&P BOOKS' THEME-BASED DICTIONARIES

The Correct System for Memorizing Foreign Words

Acquiring vocabulary is one of the most important elements of learning a foreign language, because words allow us to express our thoughts, ask questions, and provide answers. An inadequate vocabulary can impede communication with a foreigner and make it difficult to understand a book or movie well.

The pace of activity in all spheres of modern life, including the learning of modern languages, has increased. Today, we need to memorize large amounts of information (grammar rules, foreign words, etc.) within a short period. However, this does not need to be difficult. All you need to do is to choose the right training materials, learn a few special techniques, and develop your individual training system.

Having a system is critical to the process of language learning. Many people fail to succeed in this regard; they cannot master a foreign language because they fail to follow a system comprised of selecting materials, organizing lessons, arranging new words to be learned, and so on. The lack of a system causes confusion and eventually, lowers self-confidence.

T&P Books' theme-based dictionaries can be included in the list of elements needed for creating an effective system for learning foreign words. These dictionaries were specially developed for learning purposes and are meant to help students effectively memorize words and expand their vocabulary.

Generally speaking, the process of learning words consists of three main elements:

- Reception (creation or acquisition) of a training material, such as a word list
- Work aimed at memorizing new words
- Work aimed at reviewing the learned words, such as self-testing

All three elements are equally important since they determine the quality of work and the final result. All three processes require certain skills and a well-thought-out approach.

New words are often encountered quite randomly when learning a foreign language and it may be difficult to include them all in a unified list. As a result, these words remain written on scraps of paper, in book margins, textbooks, and so on. In order to systematize such words, we have to create and continually update a "book of new words." A paper notebook, a netbook, or a tablet PC can be used for these purposes.

This "book of new words" will be your personal, unique list of words. However, it will only contain the words that you came across during the learning process. For example, you might have written down the words "Sunday," "Tuesday," and "Friday." However, there are additional words for days of the week, for example, "Saturday," that are missing, and your list of words would be incomplete. Using a theme dictionary, in addition to the "book of new words," is a reasonable solution to this problem.

The theme-based dictionary may serve as the basis for expanding your vocabulary.

It will be your big "book of new words" containing the most frequently used words of a foreign language already included. There are quite a few theme-based dictionaries available, and you should ensure that you make the right choice in order to get the maximum benefit from your purchase.

Therefore, we suggest using theme-based dictionaries from T&P Books Publishing as an aid to learning foreign words. Our books are specially developed for effective use in the sphere of vocabulary systematization, expansion and review.

Theme-based dictionaries are not a magical solution to learning new words. However, they can serve as your main database to aid foreign-language acquisition. Apart from theme dictionaries, you can have copybooks for writing down new words, flash cards, glossaries for various texts, as well as other resources; however, a good theme dictionary will always remain your primary collection of words.

T&P Books' theme-based dictionaries are specialty books that contain the most frequently used words in a language.

The main characteristic of such dictionaries is the division of words into themes. For example, the *City* theme contains the words "street," "crossroads," "square," "fountain," and so on. The *Talking* theme might contain words like "to talk," "to ask," "question," and "answer".

All the words in a theme are divided into smaller units, each comprising 3–5 words. Such an arrangement improves the perception of words and makes the learning process less tiresome. Each unit contains a selection of words with similar meanings or identical roots. This allows you to learn words in small groups and establish other associative links that have a positive effect on memorization.

The words on each page are placed in three columns: a word in your native language, its translation, and its transcription. Such positioning allows for the use of techniques for effective memorization. After closing the translation column, you can flip through and review foreign words, and vice versa. "This is an easy and convenient method of review – one that we recommend you do often."

Our theme-based dictionaries contain transcriptions for all the foreign words. Unfortunately, none of the existing transcriptions are able to convey the exact nuances of foreign pronunciation. That is why we recommend using the transcriptions only as a supplementary learning aid. Correct pronunciation can only be acquired with the help of sound. Therefore our collection includes audio theme-based dictionaries.

The process of learning words using T&P Books' theme-based dictionaries gives you the following advantages:

- You have correctly grouped source information, which predetermines your success at subsequent stages of word memorization
- Availability of words derived from the same root (lazy, lazily, lazybones), allowing you to memorize word units instead of separate words
- Small units of words facilitate the process of establishing associative links needed for consolidation of vocabulary
- You can estimate the number of learned words and hence your level of language knowledge
- The dictionary allows for the creation of an effective and high-quality revision process
- You can revise certain themes several times, modifying the revision methods and techniques
- Audio versions of the dictionaries help you to work out the pronunciation of words and develop your skills of auditory word perception

The T&P Books' theme-based dictionaries are offered in several variants differing in the number of words: 1.500, 3.000, 5.000, 7.000, and 9.000 words. There are also dictionaries containing 15,000 words for some language combinations. Your choice of dictionary will depend on your knowledge level and goals.

We sincerely believe that our dictionaries will become your trusty assistant in learning foreign languages and will allow you to easily acquire the necessary vocabulary.

TABLE OF CONTENTS

PRONUNCIATION GUIDE

T&P phonetic alphabet	Greek example	English example
[a]	**αγαπάω** [aɣapáo]	shorter than in ask
[e]	**έπαινος** [épenos]	elm, medal
[i]	**φυσικός** [fisikós]	shorter than in feet
[o]	**οθόνη** [oθóni]	pod, John
[u]	**βουτάω** [vutáo]	book
[b]	**καμπάνα** [kabána]	baby, book
[d]	**ντετέκτιβ** [detéktiv]	day, doctor
[f]	**ράμφος** [rámfos]	face, food
[g]	**γκολφ** [golʲf]	game, gold
[ɣ]	**γραβάτα** [ɣraváta]	between [g] and [h]
[j]	**μπάιτ** [bájt]	yes, New York
[j̥]	**Αίγυπτος** [éj̥iptos]	yes, New York
[k]	**ακόντιο** [akóndio]	clock, kiss
[lʲ]	**αλάτι** [alʲáti]	daily, million
[m]	**μάγος** [máɣos]	magic, milk
[n]	**ασανσέρ** [asansér]	name, normal
[p]	**βλέπω** [vlépo]	pencil, private
[r]	**ρόμβος** [rómvos]	rice, radio
[s]	**σαλάτα** [salʲáta]	city, boss
[ð]	**πόδι** [póði]	weather, together
[θ]	**λάθος** [lʲáθos]	month, tooth
[t]	**κινητό** [kinitó]	tourist, trip
[ʧ]	**check-in** [ʧek-in]	church, French
[v]	**βραχιόλι** [vraxióli]	very, river
[x]	**νύχτα** [níxta]	as in Scots 'loch'
[w]	**ουίσκι** [wíski]	vase, winter
[z]	**κουζίνα** [kuzína]	zebra, please
[ˈ]	**έξι** [éksi]	primary stress

ABBREVIATIONS
used in the vocabulary

English abbreviations

ab.	-	about
adj	-	adjective
adv	-	adverb
anim.	-	animate
as adj	-	attributive noun used as adjective
e.g.	-	for example
etc.	-	et cetera
fam.	-	familiar
fem.	-	feminine
form.	-	formal
inanim.	-	inanimate
masc.	-	masculine
math	-	mathematics
mil.	-	military
n	-	noun
pl	-	plural
pron.	-	pronoun
sb	-	somebody
sing.	-	singular
sth	-	something
v aux	-	auxiliary verb
vi	-	intransitive verb
vi, vt	-	intransitive, transitive verb
vt	-	transitive verb

Greek abbreviations

αρ.	-	masculine noun
αρ.πλ.	-	masculine plural
αρ./θηλ.	-	masculine, feminine
θηλ.	-	feminine noun
θηλ.πλ.	-	feminine plural

ουδ.	-	neuter
ουδ.πλ.	-	neuter plural
πλ.	-	plural

BASIC CONCEPTS

1. Pronouns

I, me	εγώ	[eɣó]
you	εσύ	[esí]

he	αυτός	[aftós]
she	αυτή	[aftí]
it	αυτό	[aftó]

we	εμείς	[emís]
you (to a group)	εσείς	[esís]
they (masc.)	αυτοί	[aftí]
they (fem.)	αυτές	[aftés]

2. Greetings. Salutations

Hello! (fam.)	Γεια σου!	[ja su]
Hello! (form.)	Γεια σας!	[ja sas]
Good morning!	Καλημέρα!	[kaliméra]
Good afternoon!	Καλό απόγευμα!	[kalʲó apójevma]
Good evening!	Καλησπέρα!	[kalispéra]

to say hello	χαιρετώ	[xeretó]
Hi! (hello)	Γεια!	[ja]
greeting (n)	χαιρετισμός (αρ.)	[xeretizmós]
to greet (vt)	χαιρετώ	[xeretó]
How are you? (form.)	Πώς είστε;	[pós íste]
How are you? (fam.)	Τι κάνεις;	[ti kánis]
What's new?	Τι νέα;	[ti néa]

Goodbye!	Γεια σας!	[ja sas]
Bye!	Γεια σου!	[ja su]
See you soon!	Τα λέμε σύντομα!	[ta léme síndoma]
Farewell! (to a friend)	Αντίο!	[adío]
Farewell! (form.)	Αντίο σας!	[adío sas]
to say goodbye	αποχαιρετώ	[apoxeretó]
So long!	Γεια!	[ja]

Thank you!	Ευχαριστώ!	[efxaristó]
Thank you very much!	Ευχαριστώ πολύ!	[efxaristó polí]
You're welcome	Παρακαλώ	[parakalʲó]
Don't mention it!	Δεν είναι τίποτα	[ðen íne típota]

It was nothing	**Τίποτα**	[típota]
Excuse me! (fam.)	**Με συγχωρείς!**	[me sinxorís]
Excuse me! (form.)	**Με συγχωρείτε!**	[me sinxoríte]
to excuse (forgive)	**συγχωρώ**	[sinxoró]
to apologize (vi)	**ζητώ συγνώμη**	[zitó siɣnómi]
My apologies	**Συγνώμη**	[siɣnómi]
I'm sorry!	**Με συγχωρείτε!**	[me sinxoríte]
to forgive (vt)	**συγχωρώ**	[sinxoró]
It's okay! (that's all right)	**Τίποτα!**	[típota]
please (adv)	**παρακαλώ**	[parakalʲó]
Don't forget!	**Μην ξεχάσετε!**	[min ksexásete]
Certainly!	**Βεβαίως! Φυσικά!**	[vevéos], [fisiká]
Of course not!	**Όχι βέβαια!**	[óxi vévea]
Okay! (I agree)	**Συμφωνώ!**	[simfonó]
That's enough!	**Αρκετά!**	[arketá]

3. Questions

Who?	**Ποιος;**	[pios]
What?	**Τι;**	[ti]
Where? (at, in)	**Πού;**	[pú]
Where (to)?	**Πού;**	[pú]
From where?	**Από πού;**	[apó pú]
When?	**Πότε;**	[póte]
Why? (What for?)	**Γιατί;**	[ʝatí]
Why? (~ are you crying?)	**Γιατί;**	[ʝatí]
What for?	**Γιατί;**	[ʝatí]
How? (in what way)	**Πώς;**	[pos]
What? (What kind of ...?)	**Ποιος;**	[pios]
Which?	**Ποιος;**	[pios]
To whom?	**Σε ποιον;**	[se pion]
About whom?	**Για ποιον;**	[ʝa pion]
About what?	**Για ποιο;**	[ʝa pio]
With whom?	**Με ποιον;**	[me pion]
How many?	**Πόσα;**	[pósa]
How much?	**Πόσο;**	[póso]
How many? How much?	**Πόσα; Πόσο;**	[pósa], [póso]
Whose?	**Ποιανού;**	[pianú]

4. Prepositions

with (accompanied by)	**με**	[me]
without	**χωρίς**	[xorís]

to (indicating direction)	**σε**	[se]
about (talking ~ ...)	**για**	[ja]
before (in time)	**πριν**	[prin]
in front of ...	**μπροστά**	[brostá]
under (beneath, below)	**κάτω από**	[káto apó]
above (over)	**πάνω από**	[páno apó]
on (atop)	**σε**	[se]
from (off, out of)	**από**	[apó]
of (made from)	**από**	[apó]
in (e.g., ~ ten minutes)	**σε ...**	[se ...]
over (across the top of)	**πάνω από**	[páno apó]

5. Function words. Adverbs. Part 1

Where? (at, in)	**Πού;**	[pú]
here (adv)	**εδώ**	[eðó]
there (adv)	**εκεί**	[ekí]
somewhere (to be)	**κάπου**	[kápu]
nowhere (not in any place)	**πουθενά**	[puθená]
by (near, beside)	**δίπλα**	[ðíplʲa]
by the window	**δίπλα στο παράθυρο**	[ðíplʲa sto paráθiro]
Where (to)?	**Πού;**	[pú]
here (e.g., come ~!)	**εδώ**	[eðó]
there (e.g., to go ~)	**εκεί**	[ekí]
from here (adv)	**αποδώ**	[apoðó]
from there (adv)	**αποκεί**	[apokí]
close (adv)	**κοντά**	[kondá]
far (adv)	**μακριά**	[makriá]
near (e.g., ~ Paris)	**κοντά σε**	[kondá se]
nearby (adv)	**κοντά**	[kondá]
not far (adv)	**κοντά**	[kondá]
left (adj)	**αριστερός**	[aristerós]
on the left	**στα αριστερά**	[sta aristerá]
to the left	**αριστερά**	[aristerá]
right (adj)	**δεξιός**	[ðeksiós]
on the right	**στα δεξιά**	[sta ðeksiá]
to the right	**δεξιά**	[ðeksiá]
in front (adv)	**μπροστά**	[brostá]
front (as adj)	**μπροστινός**	[brostinós]
ahead (the kids ran ~)	**μπροστά**	[brostá]

behind (adv)	**πίσω**	[píso]
from behind	**από πίσω**	[apó píso]
back (towards the rear)	**πίσω**	[píso]
middle	**μέση** (θηλ.)	[mési]
in the middle	**στη μέση**	[sti mési]
at the side	**από το πλάι**	[apó to plʲáj]
everywhere (adv)	**παντού**	[pandú]
around (in all directions)	**γύρω**	[ʝíro]
from inside	**από μέσα**	[apó mésa]
somewhere (to go)	**κάπου**	[kápu]
straight (directly)	**κατ'ευθείαν**	[katefθían]
back (e.g., come ~)	**πίσω**	[píso]
from anywhere	**από οπουδήποτε**	[apó opuðípote]
from somewhere	**από κάπου**	[apó kápu]
firstly (adv)	**πρώτον**	[próton]
secondly (adv)	**δεύτερον**	[ðéfteron]
thirdly (adv)	**τρίτον**	[tríton]
suddenly (adv)	**ξαφνικά**	[ksafniká]
at first (in the beginning)	**στην αρχή**	[stin arxí]
for the first time	**πρώτη φορά**	[próti forá]
long before ...	**πολύ πριν από ...**	[polí prin apó]
anew (over again)	**εκ νέου**	[ek néu]
for good (adv)	**για πάντα**	[ʝa pánda]
never (adv)	**ποτέ**	[poté]
again (adv)	**πάλι**	[páli]
now (at present)	**τώρα**	[tóra]
often (adv)	**συχνά**	[sixná]
then (adv)	**τότε**	[tóte]
urgently (quickly)	**επειγόντως**	[epiɣóndos]
usually (adv)	**συνήθως**	[siníθos]
by the way, ...	**παρεμπιπτόντως, ...**	[parembiptóndos]
possibly	**πιθανόν**	[piθanón]
probably (adv)	**πιθανόν**	[piθanón]
maybe (adv)	**ίσως**	[ísos]
besides ...	**εξάλλου ...**	[eksálʲu]
that's why ...	**συνεπώς**	[sinepós]
in spite of ...	**παρόλο που ...**	[parólʲo pu]
thanks to ...	**χάρη σε ...**	[xári se]
what (pron.)	**τι**	[ti]
that (conj.)	**ότι**	[óti]
something	**κάτι**	[káti]
anything (something)	**οτιδήποτε**	[otiðípote]
nothing	**τίποτα**	[típota]

who (pron.)	**ποιος**	[pios]
someone	**κάποιος**	[kápios]
somebody	**κάποιος**	[kápios]
nobody	**κανένας**	[kanénas]
nowhere (a voyage to ~)	**πουθενά**	[puθená]
nobody's	**κανενός**	[kanenós]
somebody's	**κάποιου**	[kápiu]
so (I'm ~ glad)	**έτσι**	[étsi]
also (as well)	**επίσης**	[epísis]
too (as well)	**επίσης**	[epísis]

6. Function words. Adverbs. Part 2

Why?	**Γιατί;**	[jatí]
for some reason	**για κάποιο λόγο**	[ja kápio lʲóɣo]
because ...	**διότι ...**	[ðióti]
for some purpose	**για κάποιο λόγο**	[ja kápio lʲóɣo]
and	**και**	[ke]
or	**ή**	[i]
but	**μα**	[ma]
for (e.g., ~ me)	**για**	[ja]
too (~ many people)	**πάρα**	[pára]
only (exclusively)	**μόνο**	[móno]
exactly (adv)	**ακριβώς**	[akrivós]
about (more or less)	**περίπου**	[perípu]
approximately (adv)	**κατά προσέγγιση**	[katá proséngisi]
approximate (adj)	**προσεγγιστικός**	[prosengistikós]
almost (adv)	**σχεδόν**	[sxeðón]
the rest	**υπόλοιπο** (ουδ.)	[ipólipo]
the other (second)	**άλλος**	[álʲos]
other (different)	**άλλος**	[álʲos]
each (adj)	**κάθε**	[káθe]
any (no matter which)	**οποιοσδήποτε**	[opiozðípote]
many (adj)	**πολλοί, πολλές, πολλά**	[polí], [polés], [polʲá]
much (adv)	**πολύς**	[polís]
many people	**πολλοί**	[polí]
all (everyone)	**όλοι**	[óli]
in return for ...	**... σε αντάλλαγμα**	[se andálʲaɣma]
in exchange (adv)	**σε αντάλλαγμα**	[se andálʲaɣma]
by hand (made)	**με το χέρι**	[me to xéri]
hardly (negative opinion)	**δύσκολα**	[ðískolʲa]
probably (adv)	**πιθανόν**	[piθanón]
on purpose (intentionally)	**επίτηδες**	[epítiðes]

by accident (adv)	**κατά λάθος**	[katá lʲáθos]
very (adv)	**πολύ**	[polí]
for example (adv)	**για παράδειγμα**	[ja paráðiɣma]
between	**μεταξύ**	[metaksí]
among	**ανάμεσα**	[anámesa]
so much (such a lot)	**τόσο πολύ**	[tóso polí]
especially (adv)	**ιδιαίτερα**	[iðiétera]

NUMBERS. MISCELLANEOUS

7. Cardinal numbers. Part 1

0 zero	**μηδέν**	[miðén]
1 one	**ένα**	[éna]
2 two	**δύο**	[ðío]
3 three	**τρία**	[tría]
4 four	**τέσσερα**	[tésera]
5 five	**πέντε**	[pénde]
6 six	**έξι**	[éksi]
7 seven	**εφτά**	[eftá]
8 eight	**οχτώ**	[oxtó]
9 nine	**εννέα**	[enéa]
10 ten	**δέκα**	[ðéka]
11 eleven	**ένδεκα**	[énðeka]
12 twelve	**δώδεκα**	[ðóðeka]
13 thirteen	**δεκατρία**	[ðekatría]
14 fourteen	**δεκατέσσερα**	[ðekatésera]
15 fifteen	**δεκαπέντε**	[ðekapénde]
16 sixteen	**δεκαέξι**	[ðekaéksi]
17 seventeen	**δεκαεφτά**	[ðekaeftá]
18 eighteen	**δεκαοχτώ**	[ðekaoxtó]
19 nineteen	**δεκαεννέα**	[ðekaenéa]
20 twenty	**είκοσι**	[íkosi]
21 twenty-one	**είκοσι ένα**	[íkosi éna]
22 twenty-two	**είκοσι δύο**	[ikosi ðío]
23 twenty-three	**είκοσι τρία**	[ikosi tría]
30 thirty	**τριάντα**	[triánda]
31 thirty-one	**τριάντα ένα**	[triánda éna]
32 thirty-two	**τριάντα δύο**	[triánda ðío]
33 thirty-three	**τριάντα τρία**	[triánda tría]
40 forty	**σαράντα**	[saránda]
41 forty-one	**σαράντα ένα**	[saránda éna]
42 forty-two	**σαράντα δύο**	[saránda ðío]
43 forty-three	**σαράντα τρία**	[saránda tría]
50 fifty	**πενήντα**	[peninda]
51 fifty-one	**πενήντα ένα**	[peninda éna]
52 fifty-two	**πενήντα δύο**	[peninda ðío]

53 fifty-three	πενήντα τρία	[penínda tría]
60 sixty	εξήντα	[eksínda]
61 sixty-one	εξήντα ένα	[eksínda éna]
62 sixty-two	εξήντα δύο	[eksínda ðío]
63 sixty-three	εξήντα τρία	[eksínda tría]

70 seventy	εβδομήντα	[evðomínda]
71 seventy-one	εβδομήντα ένα	[evðomínda éna]
72 seventy-two	εβδομήντα δύο	[evðomínda ðío]
73 seventy-three	εβδομήντα τρία	[evðomínda tría]

80 eighty	ογδόντα	[oɣðónda]
81 eighty-one	ογδόντα ένα	[oɣðónda éna]
82 eighty-two	ογδόντα δύο	[oɣðónda ðío]
83 eighty-three	ογδόντα τρία	[oɣðónda tría]

90 ninety	ενενήντα	[enenínda]
91 ninety-one	ενενήντα ένα	[enenínda éna]
92 ninety-two	ενενήντα δύο	[enenínda ðío]
93 ninety-three	ενενήντα τρία	[enenínda tría]

8. Cardinal numbers. Part 2

100 one hundred	εκατό	[ekató]
200 two hundred	διακόσια	[ðiakósia]
300 three hundred	τριακόσια	[triakósia]
400 four hundred	τετρακόσια	[tetrakósia]
500 five hundred	πεντακόσια	[pendakósia]

600 six hundred	εξακόσια	[eksakósia]
700 seven hundred	εφτακόσια	[eftakósia]
800 eight hundred	οχτακόσια	[oxtakósia]
900 nine hundred	εννιακόσια	[eniakósia]

1000 one thousand	χίλια	[xília]
2000 two thousand	δύο χιλιάδες	[ðío xiliáðes]
3000 three thousand	τρεις χιλιάδες	[tris xiliáðes]
10000 ten thousand	δέκα χιλιάδες	[ðéka xiliáðes]
one hundred thousand	εκατό χιλιάδες	[ekató xiliáðes]
million	εκατομμύριο (ουδ.)	[ekatomírio]
billion	δισεκατομμύριο (ουδ.)	[ðisekatomírio]

9. Ordinal numbers

first (adj)	πρώτος	[prótos]
second (adj)	δεύτερος	[ðéfteros]
third (adj)	τρίτος	[trítos]
fourth (adj)	τέταρτος	[tétartos]

fifth (adj)	πέμπτος	[pémptos]
sixth (adj)	έκτος	[éktos]
seventh (adj)	έβδομος	[évðomos]
eighth (adj)	όγδοος	[óɣðoos]
ninth (adj)	ένατος	[énatos]
tenth (adj)	δέκατος	[ðékatos]

COLOURS. UNITS OF MEASUREMENT

10. Colors

color	χρώμα (ουδ.)	[xróma]
shade (tint)	απόχρωση (θηλ.)	[apóxrosi]
hue	τόνος (αρ.)	[tónos]
rainbow	ουράνιο τόξο (ουδ.)	[uránio tókso]
white (adj)	λευκός, άσπρος	[lefkós], [áspros]
black (adj)	μαύρος	[mávros]
gray (adj)	γκρίζος	[grízos]
green (adj)	πράσινος	[prásinos]
yellow (adj)	κίτρινος	[kítrinos]
red (adj)	κόκκινος	[kókinos]
blue (adj)	μπλε	[ble]
light blue (adj)	γαλανός	[ɣalʲanós]
pink (adj)	ροζ	[roz]
orange (adj)	πορτοκαλί	[portokalí]
violet (adj)	βιολετί	[violetí]
brown (adj)	καφετής	[kafetís]
golden (adj)	χρυσός	[xrisós]
silvery (adj)	αργυρόχροος	[arɣiróxroos]
beige (adj)	μπεζ	[bez]
cream (adj)	κρεμ	[krem]
turquoise (adj)	τιρκουάζ, τουρκουάζ	[tirkuáz], [turkuáz]
cherry red (adj)	βυσσινής	[visinís]
lilac (adj)	λιλά, λουλακής	[lilʲá], [lʲulʲakís]
crimson (adj)	βαθυκόκκινος	[vaθikókinos]
light (adj)	ανοιχτός	[anixtós]
dark (adj)	σκούρος	[skúros]
bright, vivid (adj)	έντονος	[édonos]
colored (pencils)	έγχρωμος	[énxromos]
color (e.g., ~ film)	έγχρωμος	[énxromos]
black-and-white (adj)	ασπρόμαυρος	[asprómavros]
plain (one-colored)	μονόχρωμος	[monóxromos]
multicolored (adj)	πολύχρωμος	[políxromos]

11. Units of measurement

weight	**βάρος** (ουδ.)	[város]
length	**μάκρος** (ουδ.)	[mákros]
width	**πλάτος** (ουδ.)	[plʲátos]
height	**ύψος** (ουδ.)	[ípsos]
depth	**βάθος** (ουδ.)	[váθos]
volume	**όγκος** (αρ.)	[óngos]
area	**εμβαδόν** (ουδ.)	[emvaðón]
gram	**γραμμάριο** (ουδ.)	[ɣramário]
milligram	**χιλιοστόγραμμο** (ουδ.)	[xiliostóɣramo]
kilogram	**κιλό** (ουδ.)	[kilʲó]
ton	**τόνος** (αρ.)	[tónos]
pound	**λίβρα** (θηλ.)	[lívra]
ounce	**ουγγιά** (θηλ.)	[ungiá]
meter	**μέτρο** (ουδ.)	[métro]
millimeter	**χιλιοστό** (ουδ.)	[xiliostó]
centimeter	**εκατοστό** (ουδ.)	[ekatostó]
kilometer	**χιλιόμετρο** (ουδ.)	[xiliómetro]
mile	**μίλι** (ουδ.)	[míli]
inch	**ίντσα** (θηλ.)	[íntsa]
foot	**πόδι** (ουδ.)	[póði]
yard	**γιάρδα** (θηλ.)	[ʝárða]
square meter	**τετραγωνικό μέτρο** (ουδ.)	[tetraɣonikó métro]
hectare	**εκτάριο** (ουδ.)	[ektário]
liter	**λίτρο** (ουδ.)	[lítro]
degree	**βαθμός** (αρ.)	[vaθmós]
volt	**βολτ** (ουδ.)	[volʲt]
ampere	**αμπέρ** (ουδ.)	[ambér]
horsepower	**ιπποδύναμη** (θηλ.)	[ipoðínami]
quantity	**ποσότητα** (θηλ.)	[posótita]
a little bit of ...	**λίγος ...**	[líɣos]
half	**μισό** (ουδ.)	[misó]
dozen	**δωδεκάδα** (θηλ.)	[ðoðekáða]
piece (item)	**τεμάχιο** (ουδ.)	[temáxio]
size	**μέγεθος** (ουδ.)	[méʝeθos]
scale (map ~)	**κλίμακα** (θηλ.)	[klímaka]
minimal (adj)	**ελάχιστος**	[elʲáxistos]
the smallest (adj)	**μικρότερος**	[mikróteros]
medium (adj)	**μεσαίος**	[meséos]
maximal (adj)	**μέγιστος**	[méʝistos]
the largest (adj)	**μεγαλύτερος**	[meɣalíteros]

12. Containers

canning jar (glass ~)	**βάζο** (ουδ.)	[vázo]
can	**κουτί** (ουδ.)	[kutí]
bucket	**κουβάς** (αρ.)	[kuvás]
barrel	**βαρέλι** (ουδ.)	[varéli]
wash basin (e.g., plastic ~)	**λεκάνη** (θηλ.)	[lekáni]
tank (100L water ~)	**δεξαμενή** (θηλ.)	[ðeksamení]
hip flask	**φλασκί** (ουδ.)	[flʲaskí]
jerrycan	**κάνιστρο** (ουδ.)	[kánistro]
tank (e.g., tank car)	**δεξαμενή** (θηλ.)	[ðeksamení]
mug	**κούπα** (θηλ.)	[kúpa]
cup (of coffee, etc.)	**φλιτζάνι** (ουδ.)	[flidzáni]
saucer	**πιατάκι** (ουδ.)	[piatáki]
glass (tumbler)	**ποτήρι** (ουδ.)	[potíri]
wine glass	**κρασοπότηρο** (ουδ.)	[krasopótiro]
stock pot (soup pot)	**κατσαρόλα** (θηλ.)	[katsarólʲa]
bottle (~ of wine)	**μπουκάλι** (ουδ.)	[bukáli]
neck (of the bottle, etc.)	**λαιμός** (αρ.)	[lemós]
carafe (decanter)	**καράφα** (θηλ.)	[karáfa]
pitcher	**κανάτα** (θηλ.)	[kanáta]
vessel (container)	**δοχείο** (ουδ.)	[ðoxío]
pot (crock, stoneware ~)	**πήλινο** (ουδ.)	[pílino]
vase	**βάζο** (ουδ.)	[vázo]
flacon, bottle (perfume ~)	**μπουκαλάκι** (ουδ.)	[bukalʲáki]
vial, small bottle	**φιαλίδιο** (ουδ.)	[fialíðio]
tube (of toothpaste)	**σωληνάριο** (ουδ.)	[solinário]
sack (bag)	**σακί, τσουβάλι** (ουδ.)	[sakí], [tsuváli]
bag (paper ~, plastic ~)	**σακούλα** (θηλ.)	[sakúlʲa]
pack (of cigarettes, etc.)	**πακέτο** (ουδ.)	[pakéto]
box (e.g., shoebox)	**κουτί** (ουδ.)	[kutí]
crate	**κιβώτιο** (ουδ.)	[kivótio]
basket	**καλάθι** (ουδ.)	[kalʲáθi]

MAIN VERBS

13. The most important verbs. Part 1

to advise (vt)	**συμβουλεύω**	[simvulévo]
to agree (say yes)	**συμφωνώ**	[simfonó]
to answer (vi, vt)	**απαντώ**	[apandó]
to apologize (vi)	**ζητώ συγνώμη**	[zitó siɣnómi]
to arrive (vi)	**έρχομαι**	[érxome]
to ask (~ oneself)	**ρωτάω**	[rotáo]
to ask (~ sb to do sth)	**ζητώ**	[zitó]
to be (vi)	**είμαι**	[íme]
to be afraid	**φοβάμαι**	[fováme]
to be hungry	**πεινάω**	[pináo]
to be interested in ...	**ενδιαφέρομαι**	[enðiaférome]
to be needed	**χρειάζομαι**	[xriázome]
to be surprised	**εκπλήσσομαι**	[ekplísome]
to be thirsty	**διψάω**	[ðipsáo]
to begin (vt)	**αρχίζω**	[arxízo]
to belong to ...	**ανήκω σε ...**	[aníko se]
to boast (vi)	**καυχιέμαι**	[kafxiéme]
to break (split into pieces)	**σπάω**	[spáo]
to call (~ for help)	**καλώ**	[kalʲó]
can (v aux)	**μπορώ**	[boró]
to catch (vt)	**πιάνω**	[piáno]
to change (vt)	**αλλάζω**	[alʲázo]
to choose (select)	**επιλέγω**	[epiléɣo]
to come down (the stairs)	**κατεβαίνω**	[katevéno]
to compare (vt)	**συγκρίνω**	[singríno]
to complain (vi, vt)	**παραπονιέμαι**	[paraponiéme]
to confuse (mix up)	**μπερδεύω**	[berðévo]
to continue (vt)	**συνεχίζω**	[sinexízo]
to control (vt)	**ελέγχω**	[elénxo]
to cook (dinner)	**μαγειρεύω**	[maʝirévo]
to cost (vt)	**κοστίζω**	[kostízo]
to count (add up)	**υπολογίζω**	[ipolʲoʝízo]
to count on ...	**υπολογίζω σε ...**	[ipolʲoʝízo se]
to create (vt)	**δημιουργώ**	[ðimiurɣó]
to cry (weep)	**κλαίω**	[kléo]

14. The most important verbs. Part 2

to deceive (vi, vt)	**εξαπατώ**	[eksapató]
to decorate (tree, street)	**στολίζω**	[stolízo]
to defend (a country, etc.)	**υπερασπίζω**	[iperaspízo]
to demand (request firmly)	**απαιτώ**	[apetó]
to dig (vt)	**σκάβω**	[skávo]
to discuss (vt)	**συζητώ**	[sizitó]
to do (vt)	**κάνω**	[káno]
to doubt (have doubts)	**αμφιβάλλω**	[amfiválʲo]
to drop (let fall)	**ρίχνω**	[ríxno]
to enter (room, house, etc.)	**μπαίνω**	[béno]
to excuse (forgive)	**συγχωρώ**	[sinxoró]
to exist (vi)	**υπάρχω**	[ipárxo]
to expect (foresee)	**προβλέπω**	[provlépo]
to explain (vt)	**εξηγώ**	[eksiɣó]
to fall (vi)	**πέφτω**	[péfto]
to find (vt)	**βρίσκω**	[vrísko]
to finish (vt)	**τελειώνω**	[telióno]
to fly (vi)	**πετάω**	[petáo]
to follow ... (come after)	**ακολουθώ**	[akolʲuθó]
to forget (vi, vt)	**ξεχνάω**	[ksexnáo]
to forgive (vt)	**συγχωρώ**	[sinxoró]
to give (vt)	**δίνω**	[ðíno]
to give a hint	**υπαινίσσομαι**	[ipenísome]
to go (on foot)	**πηγαίνω**	[piʝéno]
to go for a swim	**κάνω μπάνιο**	[káno bánio]
to go out (for dinner, etc.)	**βγαίνω**	[vʝéno]
to guess (the answer)	**μαντεύω**	[mandévo]
to have (vt)	**έχω**	[éxo]
to have breakfast	**παίρνω πρωινό**	[pérno proinó]
to have dinner	**τρώω βραδινό**	[tróo vraðinó]
to have lunch	**τρώω μεσημεριανό**	[tróo mesimerianó]
to hear (vt)	**ακούω**	[akúo]
to help (vt)	**βοηθώ**	[voiθó]
to hide (vt)	**κρύβω**	[krívo]
to hope (vi, vt)	**ελπίζω**	[elʲpízo]
to hunt (vi, vt)	**κυνηγώ**	[kiniɣó]
to hurry (vi)	**βιάζομαι**	[viázome]

15. The most important verbs. Part 3

to inform (vt)	πληροφορώ	[pliroforó]
to insist (vi, vt)	επιμένω	[epiméno]
to insult (vt)	προσβάλλω	[prozválʲo]
to invite (vt)	προσκαλώ	[proskalʲó]
to joke (vi)	αστειεύομαι	[astiévome]
to keep (vt)	διατηρώ	[ðiatiró]
to keep silent, to hush	σιωπώ	[siopó]
to kill (vt)	σκοτώνω	[skotóno]
to know (sb)	γνωρίζω	[ɣnorízo]
to know (sth)	ξέρω	[kséro]
to laugh (vi)	γελάω	[jelʲáo]
to liberate (city, etc.)	απελευθερώνω	[apelefθeróno]
to like (I like …)	μου αρέσει	[mu arési]
to look for … (search)	ψάχνω	[psáxno]
to love (sb)	αγαπάω	[aɣapáo]
to make a mistake	κάνω λάθος	[káno lʲáθos]
to manage, to run	διευθύνω	[ðiefθíno]
to mean (signify)	σημαίνω	[siméno]
to mention (talk about)	αναφέρω	[anaféro]
to miss (school, etc.)	απουσιάζω	[apusiázo]
to notice (see)	παρατηρώ	[paratiró]
to object (vi, vt)	αντιλέγω	[andiléɣo]
to observe (see)	παρατηρώ	[paratiró]
to open (vt)	ανοίγω	[aníɣo]
to order (meal, etc.)	παραγγέλνω	[parangélʲno]
to order (mil.)	διατάζω	[ðiatázo]
to own (possess)	κατέχω	[katéxo]
to participate (vi)	συμμετέχω	[simetéxo]
to pay (vi, vt)	πληρώνω	[pliróno]
to permit (vt)	επιτρέπω	[epitrépo]
to plan (vt)	σχεδιάζω	[sxeðiázo]
to play (children)	παίζω	[pézo]
to pray (vi, vt)	προσεύχομαι	[proséfxome]
to prefer (vt)	προτιμώ	[protimó]
to promise (vt)	υπόσχομαι	[ipósxome]
to pronounce (vt)	προφέρω	[proféro]
to propose (vt)	προτείνω	[protíno]
to punish (vt)	τιμωρώ	[timoró]

16. The most important verbs. Part 4

to read (vi, vt)	διαβάζω	[ðiavázo]
to recommend (vt)	προτείνω	[protíno]

to refuse (vi, vt)	**αρνούμαι**	[arnúme]
to regret (be sorry)	**λυπάμαι**	[lipáme]
to rent (sth from sb)	**νοικιάζω**	[nikiázo]
to repeat (say again)	**επαναλαμβάνω**	[epanalʲamváno]
to reserve, to book	**κλείνω**	[klíno]
to run (vi)	**τρέχω**	[tréxo]
to save (rescue)	**σώζω**	[sózo]
to say (~ thank you)	**λέω**	[léo]
to scold (vt)	**μαλώνω**	[malʲóno]
to see (vt)	**βλέπω**	[vlépo]
to sell (vt)	**πουλώ**	[pulʲó]
to send (vt)	**στέλνω**	[stélʲno]
to shoot (vi)	**πυροβολώ**	[pirovolʲó]
to shout (vi)	**φωνάζω**	[fonázo]
to show (vt)	**δείχνω**	[ðíxno]
to sign (document)	**υπογράφω**	[ipoɣráfo]
to sit down (vi)	**κάθομαι**	[káθome]
to smile (vi)	**χαμογελάω**	[xamojelʲáo]
to speak (vi, vt)	**μιλάω**	[milʲáo]
to steal (money, etc.)	**κλέβω**	[klévo]
to stop (for pause, etc.)	**σταματάω**	[stamatáo]
to stop (please ~ calling me)	**σταματώ**	[stamató]
to study (vt)	**μελετάω**	[meletáo]
to swim (vi)	**κολυμπώ**	[kolibó]
to take (vt)	**παίρνω**	[pérno]
to think (vi, vt)	**σκέφτομαι**	[skéftome]
to threaten (vt)	**απειλώ**	[apilʲó]
to touch (with hands)	**αγγίζω**	[angízo]
to translate (vt)	**μεταφράζω**	[metafrázo]
to trust (vt)	**εμπιστεύομαι**	[embistévome]
to try (attempt)	**προσπαθώ**	[prospaθó]
to turn (e.g., ~ left)	**στρίβω**	[strívo]
to underestimate (vt)	**υποτιμώ**	[ipotimó]
to understand (vt)	**καταλαβαίνω**	[katalʲavéno]
to unite (vt)	**ενώνω**	[enóno]
to wait (vt)	**περιμένω**	[periméno]
to want (wish, desire)	**θέλω**	[θélʲo]
to warn (vt)	**προειδοποιώ**	[proiðopió]
to work (vi)	**δουλεύω**	[ðulévo]
to write (vt)	**γράφω**	[ɣráfo]
to write down	**σημειώνω**	[simióno]

TIME. CALENDAR

17. Weekdays

Monday	**Δευτέρα** (θηλ.)	[ðeftéra]
Tuesday	**Τρίτη** (θηλ.)	[tríti]
Wednesday	**Τετάρτη** (θηλ.)	[tetárti]
Thursday	**Πέμπτη** (θηλ.)	[pémpti]
Friday	**Παρασκευή** (θηλ.)	[paraskeví]
Saturday	**Σάββατο** (ουδ.)	[sávato]
Sunday	**Κυριακή** (θηλ.)	[kiriakí]
today (adv)	**σήμερα**	[símera]
tomorrow (adv)	**αύριο**	[ávrio]
the day after tomorrow	**μεθαύριο**	[meθávrio]
yesterday (adv)	**χθες, χτες**	[xθes], [xtes]
the day before yesterday	**προχτές**	[proxtés]
day	**μέρα, ημέρα** (θηλ.)	[méra], [iméra]
working day	**εργάσιμη μέρα** (θηλ.)	[erɣásimi méra]
public holiday	**αργία** (θηλ.)	[arʝía]
day off	**ρεπό** (ουδ.)	[repó]
weekend	**σαββατοκύριακο** (ουδ.)	[savatokíriako]
all day long	**όλη μέρα**	[óli méra]
the next day (adv)	**την επόμενη μέρα**	[tinepómeni méra]
two days ago	**δύο μέρες πριν**	[ðío méres prin]
the day before	**την παραμονή**	[tin paramoní]
daily (adj)	**καθημερινός**	[kaθimerinós]
every day (adv)	**καθημερινά**	[kaθimeriná]
week	**εβδομάδα** (θηλ.)	[evðomáða]
last week (adv)	**την προηγούμενη εβδομάδα**	[tin proiɣúmeni evðomáda]
next week (adv)	**την επόμενη εβδομάδα**	[tin epómeni evðomáda]
weekly (adj)	**εβδομαδιαίος**	[evðomaðiéos]
every week (adv)	**εβδομαδιαία**	[evðomaðiéa]
twice a week	**δύο φορές την εβδομάδα**	[dío forés tinevðomáda]
every Tuesday	**κάθε Τρίτη**	[káθe tríti]

18. Hours. Day and night

morning	**πρωί** (ουδ.)	[proí]
in the morning	**το πρωί**	[to proí]

noon, midday	**μεσημέρι**	[mesiméri]
in the afternoon	**το απόγευμα**	[to apójevma]

evening	**βράδυ** (ουδ.)	[vráði]
in the evening	**το βράδυ**	[to vráði]
night	**νύχτα** (θηλ.)	[níxta]
at night	**τη νύχτα**	[ti níxta]
midnight	**μεσάνυχτα** (ουδ.πλ.)	[mesánixta]

second	**δευτερόλεπτο** (ουδ.)	[ðefterólepto]
minute	**λεπτό** (ουδ.)	[leptó]
hour	**ώρα** (θηλ.)	[óra]
half an hour	**μισή ώρα** (θηλ.)	[misí óra]
a quarter-hour	**τέταρτο** (ουδ.)	[tétarto]
fifteen minutes	**δεκαπέντε λεπτά**	[ðekapénde leptá]
24 hours	**εικοσιτετράωρο** (ουδ.)	[ikositetráoro]

sunrise	**ανατολή** (θηλ.)	[anatolí]
dawn	**ξημέρωμα** (ουδ.)	[ksiméroma]
early morning	**νωρίς το πρωί** (ουδ.)	[norís to proí]
sunset	**ηλιοβασίλεμα** (ουδ.)	[iliovasílema]

early in the morning	**νωρίς το πρωί**	[norís to proí]
this morning	**σήμερα το πρωί**	[símera to proí]
tomorrow morning	**αύριο το πρωί**	[ávrio to proí]
this afternoon	**σήμερα το απόγευμα**	[símera to apójevma]
in the afternoon	**το απόγευμα**	[to apójevma]
tomorrow afternoon	**αύριο το απόγευμα**	[ávrio to apójevma]

tonight (this evening)	**απόψε**	[apópse]
tomorrow night	**αύριο το βράδυ**	[ávrio to vráði]

at 3 o'clock sharp	**στις τρεις ακριβώς**	[stis tris akrivós]
about 4 o'clock	**στις τέσσερις περίπου**	[stis téseris perípu]
by 12 o'clock	**μέχρι τις δώδεκα**	[méxri tis ðóðeka]

in 20 minutes	**σε είκοσι λεπτά**	[se íkosi leptá]
in an hour	**σε μια ώρα**	[se mia óra]
on time (adv)	**έγκαιρα**	[éngera]

a quarter to ...	**παρά τέταρτο**	[pará tétarto]
within an hour	**μέσα σε μια ώρα**	[mésa se mia óra]
every 15 minutes	**κάθε δεκαπέντε λεπτά**	[káθe ðekapénde leptá]
round the clock	**όλο το εικοσιτετράωρο**	[ólo to ikositetráoro]

19. Months. Seasons

January	**Ιανουάριος** (αρ.)	[januários]
February	**Φεβρουάριος** (αρ.)	[fevruários]

March	**Μάρτιος** (αρ.)	[mártios]
April	**Απρίλιος** (αρ.)	[aprílios]
May	**Μάιος** (αρ.)	[májos]
June	**Ιούνιος** (αρ.)	[iúnios]
July	**Ιούλιος** (αρ.)	[iúlios]
August	**Αύγουστος** (αρ.)	[ávɣustos]
September	**Σεπτέμβριος** (αρ.)	[septémvrios]
October	**Οκτώβριος** (αρ.)	[októvrios]
November	**Νοέμβριος** (αρ.)	[noémvrios]
December	**Δεκέμβριος** (αρ.)	[ðekémvrios]
spring	**άνοιξη** (θηλ.)	[ániksi]
in spring	**την άνοιξη**	[tin ániksi]
spring (as adj)	**ανοιξιάτικος**	[aniksiátikos]
summer	**καλοκαίρι** (ουδ.)	[kalʲokéri]
in summer	**το καλοκαίρι**	[to kalʲokéri]
summer (as adj)	**καλοκαιρινός**	[kalʲokerinós]
fall	**φθινόπωρο** (ουδ.)	[fθinóporo]
in fall	**το φθινόπωρο**	[to fθinóporo]
fall (as adj)	**φθινοπωρινός**	[fθinoporinós]
winter	**χειμώνας** (αρ.)	[ximónas]
in winter	**το χειμώνα**	[to ximóna]
winter (as adj)	**χειμωνιάτικος**	[ximoniátikos]
month	**μήνας** (αρ.)	[mínas]
this month	**αυτόν το μήνα**	[aftón to mína]
next month	**τον επόμενο μήνα**	[ton epómeno mína]
last month	**τον προηγούμενο μήνα**	[ton proiɣúmeno mína]
a month ago	**ένα μήνα πριν**	[éna mína prin]
in a month (a month later)	**σε ένα μήνα**	[se éna mína]
in 2 months (2 months later)	**σε δύο μήνες**	[se ðío mínes]
the whole month	**ολόκληρος μήνας**	[olʲókliros mínas]
all month long	**ολόκληρος ο μήνας**	[olʲókliros o mínas]
monthly (~ magazine)	**μηνιαίος**	[miniéos]
monthly (adv)	**μηνιαία**	[miniéa]
every month	**κάθε μήνα**	[káθe mína]
twice a month	**δύο φορές το μήνα**	[ðío forés tomína]
year	**χρόνος** (αρ.)	[xrónos]
this year	**φέτος**	[fétos]
next year	**του χρόνου**	[tu xrónu]
last year	**πέρσι**	[pérsi]
a year ago	**ένα χρόνο πριν**	[éna xróno prin]
in a year	**σε ένα χρόνο**	[se éna xróno]

in two years	**σε δύο χρόνια**	[se ðío xrónia]
the whole year	**ολόκληρος χρόνος**	[olʲókliros oxrónos]
all year long	**ολόκληρος ο χρόνος**	[olʲókliros o xrónos]
every year	**κάθε χρόνο**	[káθe xróno]
annual (adj)	**ετήσιος**	[etísios]
annually (adv)	**ετήσια**	[etísia]
4 times a year	**τέσσερις φορές το χρόνο**	[teseris forés toxróno]
date (e.g., today's ~)	**ημερομηνία** (θηλ.)	[imerominía]
date (e.g., ~ of birth)	**ημερομηνία** (θηλ.)	[imerominía]
calendar	**ημερολόγιο** (ουδ.)	[imerolʲójo]
half a year	**μισός χρόνος**	[misós xrónos]
six months	**εξάμηνο** (ουδ.)	[eksámino]
season (summer, etc.)	**εποχή** (θηλ.)	[epoxí]
century	**αιώνας** (αρ.)	[eónas]

TRAVEL. HOTEL

20. Trip. Travel

tourism, travel	**τουρισμός** (αρ.)	[turizmós]
tourist	**τουρίστας** (αρ.)	[turístas]
trip, voyage	**ταξίδι** (ουδ.)	[taksíði]
adventure	**περιπέτεια** (θηλ.)	[peripétia]
trip, journey	**ταξίδι** (ουδ.)	[taksíði]
vacation	**διακοπές** (θηλ.πλ.)	[ðiakopés]
to be on vacation	**είμαι σε διακοπές**	[íme se ðiakopés]
rest	**διακοπές** (πλ.)	[ðiakopés]
train	**τραίνο, τρένο** (ουδ.)	[tréno]
by train	**με τρένο**	[me tréno]
airplane	**αεροπλάνο** (ουδ.)	[aeropl^j^áno]
by airplane	**με αεροπλάνο**	[me aeropl^j^áno]
by car	**με αυτοκίνητο**	[me aftokínito]
by ship	**με καράβι**	[me karávi]
luggage	**αποσκευές** (θηλ.πλ.)	[aposkevés]
suitcase	**βαλίτσα** (θηλ.)	[valítsa]
luggage cart	**καρότσι αποσκευών** (ουδ.)	[karótsi aposkevón]
passport	**διαβατήριο** (ουδ.)	[ðiavatírio]
visa	**βίζα** (θηλ.)	[víza]
ticket	**εισιτήριο** (ουδ.)	[isitírio]
air ticket	**αεροπορικό εισιτήριο** (ουδ.)	[aeroporikó isitírio]
guidebook	**ταξιδιωτικός οδηγός** (αρ.)	[taksiðiotikós oðiɣós]
map (tourist ~)	**χάρτης** (αρ.)	[xártis]
area (rural ~)	**περιοχή** (θηλ.)	[perioxí]
place, site	**τόπος** (αρ.)	[tópos]
exotica (n)	**εξωτικά πράγματα** (ουδ.πλ.)	[eksotiká práɣmata]
exotic (adj)	**εξωτικός**	[eksotikós]
amazing (adj)	**καταπληκτικός**	[katapliktikós]
group	**ομάδα** (θηλ.)	[omáða]
excursion, sightseeing tour	**εκδρομή** (θηλ.)	[ekðromí]
guide (person)	**ξεναγός** (αρ.)	[ksenaɣós]

21. Hotel

hotel	**ξενοδοχείο** (ουδ.)	[ksenoðoxío]
motel	**μοτέλ** (ουδ.)	[motélʲ]
three-star (~ hotel)	**τριών αστέρων**	[trión astéron]
five-star	**πέντε αστέρων**	[pénde astéron]
to stay (in a hotel, etc.)	**μένω**	[méno]
room	**δωμάτιο** (ουδ.)	[ðomátio]
single room	**μονόκλινο δωμάτιο** (ουδ.)	[monóklino ðomátio]
double room	**δίκλινο δωμάτιο** (ουδ.)	[ðíklino ðomátio]
to book a room	**κλείνω δωμάτιο**	[klíno ðomátio]
half board	**ημιδιατροφή** (θηλ.)	[imiðiatrofí]
full board	**πλήρης διατροφή** (θηλ.)	[plíris ðiatrofí]
with bath	**με μπανιέρα**	[me baniéra]
with shower	**με ντους**	[me dúz]
satellite television	**δορυφορική τηλεόραση** (θηλ.)	[ðoriforikí tileórasi]
air-conditioner	**κλιματιστικό** (ουδ.)	[klimatistikó]
towel	**πετσέτα** (θηλ.)	[petséta]
key	**κλειδί** (ουδ.)	[kliðí]
administrator	**υπεύθυνος** (αρ.)	[ipéfθinos]
chambermaid	**καμαριέρα** (θηλ.)	[kamariéra]
porter, bellboy	**αχθοφόρος** (αρ.)	[axθofóros]
doorman	**πορτιέρης** (αρ.)	[portiéris]
restaurant	**εστιατόριο** (ουδ.)	[estiatório]
pub, bar	**μπαρ** (ουδ.), **μπυραρία** (θηλ.)	[bar], [biraría]
breakfast	**πρωινό** (ουδ.)	[proinó]
dinner	**δείπνο** (ουδ.)	[ðípno]
buffet	**μπουφές** (αρ.)	[bufés]
lobby	**φουαγιέ** (ουδ.)	[fuajé]
elevator	**ασανσέρ** (ουδ.)	[asansér]
DO NOT DISTURB	**ΜΗΝ ΕΝΟΧΛΕΙΤΕ!**	[min enoxlíte]
NO SMOKING	**ΑΠΑΓΟΡΕΥΕΤΑΙ ΤΟ ΚΑΠΝΙΣΜΑ**	[apaɣorévete to kápnizma]

22. Sightseeing

monument	**μνημείο** (ουδ.)	[mnimío]
fortress	**φρούριο** (ουδ.)	[frúrio]
palace	**παλάτι** (ουδ.)	[palʲáti]

castle	**κάστρο** (ουδ.)	[kástro]
tower	**πύργος** (αρ.)	[píryos]
mausoleum	**μαυσωλείο** (ουδ.)	[mafsolío]
architecture	**αρχιτεκτονική** (θηλ.)	[arxitektonikí]
medieval (adj)	**μεσαιωνικός**	[meseonikós]
ancient (adj)	**αρχαίος**	[arxéos]
national (adj)	**εθνικός**	[eθnikós]
famous (monument, etc.)	**διάσημος**	[ðiásimos]
tourist	**τουρίστας** (αρ.)	[turístas]
guide (person)	**ξεναγός** (αρ.)	[ksenayós]
excursion, sightseeing tour	**εκδρομή** (θηλ.)	[ekðromí]
to show (vt)	**δείχνω**	[ðíxno]
to tell (vt)	**διηγούμαι**	[ðiiyúme]
to find (vt)	**βρίσκω**	[vrísko]
to get lost (lose one's way)	**χάνομαι**	[xánome]
map (e.g., subway ~)	**χάρτης** (αρ.)	[xártis]
map (e.g., city ~)	**χάρτης** (αρ.)	[xártis]
souvenir, gift	**ενθύμιο** (ουδ.)	[enθímio]
gift shop	**κατάστημα με είδη δώρων** (ουδ.)	[katástima me ídi ðóron]
to take pictures	**φωτογραφίζω**	[fotoyrafízo]
to have one's picture taken	**βγαίνω φωτογραφία**	[vjéno fotoyrafía]

TRANSPORTATION

23. Airport

airport	**αεροδρόμιο** (ουδ.)	[aeroðrómio]
airplane	**αεροπλάνο** (ουδ.)	[aeropľáno]
airline	**αεροπορική εταιρεία** (θηλ.)	[aeroporikí etería]
air traffic controller	**ελεγκτής εναέριας κυκλοφορίας** (αρ.)	[elengtís enaérias kikľoforías]
departure	**αναχώρηση** (θηλ.)	[anaxórisi]
arrival	**άφιξη** (θηλ.)	[áfiksi]
to arrive (by plane)	**φτάνω**	[ftáno]
departure time	**ώρα αναχώρησης** (θηλ.)	[ora anaxórisis]
arrival time	**ώρα άφιξης** (θηλ.)	[óra áfiksis]
to be delayed	**καθυστερώ**	[kaθisteró]
flight delay	**καθυστέρηση πτήσης** (θηλ.)	[kaθistérisi ptísis]
information board	**πίνακας πληροφοριών** (αρ.)	[pínakas pliroforión]
information	**πληροφορίες** (θηλ.πλ.)	[pliroforíes]
to announce (vt)	**ανακοινώνω**	[anakinóno]
flight (e.g., next ~)	**πτήση** (θηλ.)	[ptísi]
customs	**τελωνείο** (ουδ.)	[teľonío]
customs officer	**τελωνειακός** (αρ.)	[teľoniakós]
customs declaration	**τελωνειακή διασάφηση** (θηλ.)	[teľoniakí ðiasáfisi]
to fill out (vt)	**συμπληρώνω**	[simbliróno]
to fill out the declaration	**συμπληρώνω τη δήλωση**	[simbliróno ti ðíľosi]
passport control	**έλεγχος διαβατηρίων** (αρ.)	[élenxos ðiavatiríon]
luggage	**αποσκευές** (θηλ.πλ.)	[aposkevés]
hand luggage	**χειραποσκευή** (θηλ.)	[xiraposkeví]
luggage cart	**καρότσι αποσκευών** (ουδ.)	[karótsi aposkevón]
landing	**προσγείωση** (θηλ.)	[prozjíosi]
landing strip	**διάδρομος προσγείωσης** (αρ.)	[ðiáðromos prozjíosis]
to land (vi)	**προσγειώνομαι**	[prozjiónome]
airstair (passenger stair)	**σκάλα αεροσκάφους** (θηλ.)	[skáľa aeroskáfus]

check-in	**check-in** (ουδ.)	[ʧek-in]
check-in counter	**πάγκος ελέγχου εισιτηρίων** (αρ.)	[pángos elénxu isitiríon]
to check-in (vi)	**κάνω check-in**	[káno ʧek-in]
boarding pass	**κάρτα επιβίβασης** (θηλ.)	[kárta epivívasis]
departure gate	**πύλη αναχώρησης** (θηλ.)	[píli anaxórisis]
transit	**διέλευση** (θηλ.)	[ðiélefsi]
to wait (vt)	**περιμένω**	[periméno]
departure lounge	**αίθουσα αναχώρησης** (θηλ.)	[éθusa anaxórisis]
to see off	**συνοδεύω**	[sinoðévo]
to say goodbye	**αποχαιρετώ**	[apoxeretó]

24. Airplane

airplane	**αεροπλάνο** (ουδ.)	[aeroplʲáno]
air ticket	**αεροπορικό εισιτήριο** (ουδ.)	[aeroporikó isitírio]
airline	**αεροπορική εταιρεία** (θηλ.)	[aeroporikí etería]
airport	**αεροδρόμιο** (ουδ.)	[aeroðrómio]
supersonic (adj)	**υπερηχητικός**	[iperixitikós]
captain	**κυβερνήτης** (αρ.)	[kivernítis]
crew	**πλήρωμα** (ουδ.)	[plíroma]
pilot	**πιλότος** (αρ.)	[pilʲótos]
flight attendant (fem.)	**αεροσυνοδός** (θηλ.)	[aerosinoðós]
navigator	**πλοηγός** (αρ.)	[plʲoiɣós]
wings	**φτερά** (ουδ.πλ.)	[fterá]
tail	**ουρά** (θηλ.)	[urá]
cockpit	**πιλοτήριο** (ουδ.)	[pilʲotírio]
engine	**κινητήρας** (αρ.)	[kinitíras]
undercarriage (landing gear)	**σύστημα προσγείωσης** (ουδ.)	[sístima prosʝíosis]
turbine	**στρόβιλος** (αρ.)	[stróvilʲos]
propeller	**έλικας** (αρ.)	[élikas]
black box	**μαύρο κουτί** (ουδ.)	[mávro kutí]
yoke (control column)	**πηδάλιο** (ουδ.)	[piðálio]
fuel	**καύσιμο** (ουδ.)	[káfsimo]
safety card	**οδηγίες ασφαλείας** (θηλ.πλ.)	[oðiʝíes asfalías]
oxygen mask	**μάσκα οξυγόνου** (θηλ.)	[máska oksiɣónu]
uniform	**στολή** (θηλ.)	[stolí]
life vest	**σωσίβιο γιλέκο** (ουδ.)	[sosívio ʝiléko]
parachute	**αλεξίπτωτο** (ουδ.)	[aleksíptoto]
takeoff	**απογείωση** (θηλ.)	[apoʝíosi]
to take off (vi)	**απογειώνομαι**	[apoʝiónome]

runway	διάδρομος απογείωσης (αρ.)	[ðiáðromos apojíosis]
visibility	ορατότητα (θηλ.)	[oratótita]
flight (act of flying)	πέταγμα (ουδ.)	[pétaɣma]
altitude	ύψος (ουδ.)	[ípsos]
air pocket	κενό αέρος (ουδ.)	[kenó aéros]

seat	θέση (θηλ.)	[θési]
headphones	ακουστικά (ουδ.πλ.)	[akustiká]
folding tray (tray table)	πτυσσόμενο τραπεζάκι (ουδ.)	[ptisómeno trapezáki]
airplane window	παράθυρο (ουδ.)	[paráθiro]
aisle	διάδρομος (αρ.)	[ðiáðromos]

25. Train

train	τραίνο, τρένο (ουδ.)	[tréno]
commuter train	περιφερειακό τρένο (ουδ.)	[periferiakó tréno]
express train	τρένο εξπρές (ουδ.)	[tréno eksprés]
diesel locomotive	αμαξοστοιχία ντίζελ (θηλ.)	[amaksostixía dízelʲ]
steam locomotive	ατμάμαξα (θηλ.)	[atmámaksa]

passenger car	βαγόνι (ουδ.)	[vaɣóni]
dining car	εστιατόριο (ουδ.)	[estiatório]

rails	ράγες (θηλ.πλ.)	[rájes]
railroad	σιδηρόδρομος (αρ.)	[siðiróðromos]
railway tie	στρωτήρας (αρ.)	[strotíras]

platform (railway ~)	πλατφόρμα (θηλ.)	[plʲatfórma]
track (~ 1, 2, etc.)	αποβάθρα (θηλ.)	[apováθra]
semaphore	σηματοδότης (αρ.)	[simatoðótis]
station	σταθμός (αρ.)	[staθmós]

engineer (train driver)	οδηγός τρένου (αρ.)	[oðiɣós trénu]
porter (of luggage)	αχθοφόρος (αρ.)	[axθofóros]
car attendant	συνοδός (αρ.)	[sinoðós]
passenger	επιβάτης (αρ.)	[epivátis]
conductor (ticket inspector)	ελεγκτής εισιτηρίων (αρ.)	[elengtís isitiríon]

corridor (in train)	διάδρομος (αρ.)	[ðiáðromos]
emergency brake	φρένο έκτακτης ανάγκης (ουδ.)	[fréno éktaktis anángis]

compartment	κουπέ (ουδ.)	[kupé]
berth	κουκέτα (θηλ.)	[kukéta]
upper berth	πάνω κουκέτα (θηλ.)	[páno kukéta]
lower berth	κάτω κουκέτα (θηλ.)	[káto kukéta]
bed linen, bedding	σεντόνια (ουδ.πλ.)	[sendónia]

ticket	**εισιτήριο** (ουδ.)	[isitírio]
schedule	**δρομολόγιο** (ουδ.)	[ðromolʲójo]
information display	**πίνακας πληροφοριών** (αρ.)	[pínakas plirofορión]
to leave, to depart	**αναχωρώ**	[anaxoró]
departure (of train)	**αναχώρηση** (θηλ.)	[anaxórisi]
to arrive (ab. train)	**φτάνω**	[ftáno]
arrival	**άφιξη** (θηλ.)	[áfiksi]
to arrive by train	**έρχομαι με τρένο**	[érxome me tréno]
to get on the train	**ανεβαίνω στο τρένο**	[anevéno sto tréno]
to get off the train	**κατεβαίνω από το τρένο**	[katevéno apó to tréno]
train wreck	**πρόσκρουση τρένου** (θηλ.)	[próskrusi trénu]
to derail (vi)	**εκτροχιάζομαι**	[ektroxiázome]
steam locomotive	**ατμάμαξα** (θηλ.)	[atmámaksa]
stoker, fireman	**θερμαστής** (αρ.)	[θermastís]
firebox	**θάλαμο καύσης** (ουδ.)	[θálʲamo káfsis]
coal	**κάρβουνο** (ουδ.)	[kárvuno]

26. Ship

ship	**πλοίο** (ουδ.)	[plío]
vessel	**σκάφος** (ουδ.)	[skáfos]
steamship	**ατμόπλοιο** (ουδ.)	[atmóplio]
riverboat	**ποταμόπλοιο** (ουδ.)	[potamóplio]
cruise ship	**κρουαζιερόπλοιο** (ουδ.)	[kruazieróplio]
cruiser	**καταδρομικό** (ουδ.)	[kataðromikó]
yacht	**κότερο** (ουδ.)	[kótero]
tugboat	**ρυμουλκό** (ουδ.)	[rimulʲkó]
barge	**φορτηγίδα** (θηλ.)	[fortiʝíða]
ferry	**φέρι μποτ** (ουδ.)	[féri bot]
sailing ship	**ιστιοφόρο** (ουδ.)	[istiofóro]
brigantine	**βριγαντίνο** (ουδ.)	[vriɣantíno]
ice breaker	**παγοθραυστικό** (ουδ.)	[paɣoθrafstikó]
submarine	**υποβρύχιο** (ουδ.)	[ipovríxo]
boat (flat-bottomed ~)	**βάρκα** (θηλ.)	[várka]
dinghy	**λέμβος** (θηλ.)	[lémvos]
lifeboat	**σωσίβια λέμβος** (θηλ.)	[sosívia lémvos]
motorboat	**ταχύπλοο** (ουδ.)	[taxíplʲoo]
captain	**καπετάνιος** (αρ.)	[kapetánios]
seaman	**ναύτης** (αρ.)	[náftis]
sailor	**ναυτικός** (αρ.)	[naftikós]

crew	**πλήρωμα** (ουδ.)	[plíroma]
boatswain	**λοστρόμος** (αρ.)	[lʲostrómos]
ship's boy	**μούτσος** (αρ.)	[mútsos]
cook	**μάγειρας** (αρ.)	[máj̯iras]
ship's doctor	**ιατρός πλοίου** (αρ.)	[j̯atrós plíu]
deck	**κατάστρωμα** (ουδ.)	[katástroma]
mast	**κατάρτι** (ουδ.)	[katárti]
sail	**ιστίο** (ουδ.)	[istío]
hold	**αμπάρι** (ουδ.)	[ambári]
bow (prow)	**πλώρη** (θηλ.)	[plóri]
stern	**πρύμνη** (θηλ.)	[prímni]
oar	**κουπί** (ουδ.)	[kupí]
screw propeller	**προπέλα** (θηλ.)	[propélʲa]
cabin	**καμπίνα** (θηλ.)	[kabína]
wardroom	**αίθουσα αξιωματικών** (ουδ.)	[éθusa aksiomatikón]
engine room	**μηχανοστάσιο** (ουδ.)	[mixanostásio]
bridge	**γέφυρα** (θηλ.)	[j̯éfira]
radio room	**θάλαμος επικοινωνιών** (αρ.)	[θálamos epikinonión]
wave (radio)	**κύμα** (ουδ.)	[kíma]
logbook	**ημερολόγιο πλοίου** (ουδ.)	[imerolʲój̯o plíu]
spyglass	**κυάλι** (ουδ.)	[kiáli]
bell	**καμπάνα** (θηλ.)	[kabána]
flag	**σημαία** (θηλ.)	[siméa]
hawser (mooring ~)	**παλαμάρι** (ουδ.)	[palʲamári]
knot (bowline, etc.)	**κόμβος** (αρ.)	[kómvos]
deckrails	**κουπαστή** (θηλ.)	[kupastí]
gangway	**σκάλα επιβιβάσεως** (θηλ.)	[skálʲa epiviváseos]
anchor	**άγκυρα** (θηλ.)	[ángira]
to weigh anchor	**σηκώνω άγκυρα**	[sikóno ángira]
to drop anchor	**ρίχνω άγκυρα**	[ríxno ángira]
anchor chain	**αλυσίδα της άγκυρας** (θηλ.)	[alisíða tis ángiras]
port (harbor)	**λιμάνι** (ουδ.)	[limáni]
quay, wharf	**προβλήτα** (θηλ.)	[provlíta]
to berth (moor)	**αράζω**	[arázo]
to cast off	**σαλπάρω**	[salʲpáro]
trip, voyage	**ταξίδι** (ουδ.)	[taksíði]
cruise (sea trip)	**κρουαζιέρα** (θηλ.)	[kruaziéra]
course (route)	**ρότα, πορεία** (θηλ.)	[róta], [poría]
route (itinerary)	**δρομολόγιο** (ουδ.)	[ðromolʲój̯o]
fairway (safe water channel)	**πλωτό μέρος** (ουδ.)	[plʲotó méros]

shallows	**ρηχά** (ουδ.πλ.)	[rixá]
to run aground	**εξοκέλλω**	[eksokélʲo]
storm	**καταιγίδα** (θηλ.)	[katejíða]
signal	**σήμα** (ουδ.)	[síma]
to sink (vi)	**βυθίζομαι**	[viθízome]
Man overboard!	**Άνθρωπος στη θάλασσα!**	[ánθropos sti θálʲasa]
SOS (distress signal)	**SOS** (ουδ.)	[es-o-es]
ring buoy	**σωσίβιο** (ουδ.)	[sosívio]

CITY

27. Urban transportation

bus	λεωφορείο (ουδ.)	[leoforío]
streetcar	τραμ (ουδ.)	[tram]
trolley bus	τρόλεϊ (ουδ.)	[trólej]
route (of bus, etc.)	δρομολόγιο (ουδ.)	[ðromolʲójo]
number (e.g., bus ~)	αριθμός (αρ.)	[ariθmós]
to go by ...	πηγαίνω με ...	[pijéno me]
to get on (~ the bus)	ανεβαίνω	[anevéno]
to get off ...	κατεβαίνω	[katevéno]
stop (e.g., bus ~)	στάση (θηλ.)	[stási]
next stop	επόμενη στάση (θηλ.)	[epómeni stási]
terminus	τερματικός σταθμός (αρ.)	[termatikós staθmós]
schedule	δρομολόγιο (ουδ.)	[ðromolʲójo]
to wait (vt)	περιμένω	[periméno]
ticket	εισιτήριο (ουδ.)	[isitírio]
fare	τιμή εισιτηρίου (θηλ.)	[timí isitiríu]
cashier (ticket seller)	ταμίας (αρ./θηλ.)	[tamías]
ticket inspection	έλεγχος εισιτηρίων (αρ.)	[élenxos isitiríon]
ticket inspector	ελεγκτής εισιτηρίων (αρ.)	[elengtís isitiríon]
to be late (for ...)	καθυστερώ	[kaθisteró]
to miss (~ the train, etc.)	καθυστερώ	[kaθisteró]
to be in a hurry	βιάζομαι	[viázome]
taxi, cab	ταξί (ουδ.)	[taksí]
taxi driver	ταξιτζής (αρ.)	[taksidzís]
by taxi	με ταξί	[me taksí]
taxi stand	πιάτσα ταξί (θηλ.)	[piátsa taksí]
to call a taxi	καλώ ταξί	[kalʲó taksí]
to take a taxi	παίρνω ταξί	[pérno taksí]
traffic	κίνηση (θηλ.)	[kínisi]
traffic jam	μποτιλιάρισμα (ουδ.)	[botiliárizma]
rush hour	ώρα αιχμής (θηλ.)	[óra exmís]
to park (vi)	παρκάρω	[parkáro]
to park (vt)	παρκάρω	[parkáro]
parking lot	πάρκινγκ (ουδ.)	[párking]
subway	μετρό (ουδ.)	[metró]
station	σταθμός (αρ.)	[staθmós]

to take the subway	**παίρνω το μετρό**	[pérno to metró]
train	**τραίνο, τρένο** (ουδ.)	[tréno]
train station	**σιδηροδρομικός σταθμός** (αρ.)	[siðiroðromikós staθmós]

28. City. Life in the city

city, town	**πόλη** (θηλ.)	[póli]
capital city	**πρωτεύουσα** (θηλ.)	[protévusa]
village	**χωριό** (ουδ.)	[xorió]
city map	**χάρτης πόλης** (αρ.)	[xártis pólis]
downtown	**κέντρο της πόλης** (ουδ.)	[kéndro tis pólis]
suburb	**προάστιο** (ουδ.)	[proástio]
suburban (adj)	**προαστιακός**	[proastiakós]
outskirts	**προάστια** (ουδ.πλ.)	[proástia]
environs (suburbs)	**περίχωρα** (πλ.)	[períxora]
city block	**συνοικία** (θηλ.)	[sinikía]
residential block (area)	**οικιστικό τετράγωνο** (ουδ.)	[ikistikó tetráɣono]
traffic	**κίνηση** (θηλ.)	[kínisi]
traffic lights	**φανάρι** (ουδ.)	[fanári]
public transportation	**δημόσιες συγκοινωνίες** (θηλ.πλ.)	[ðimósies singinoníes]
intersection	**διασταύρωση** (θηλ.)	[ðiastávrosi]
crosswalk	**διάβαση πεζών** (θηλ.)	[ðiávasi pezón]
pedestrian underpass	**υπόγεια διάβαση** (θηλ.)	[ipójia ðiávasi]
to cross (~ the street)	**περνάω, διασχίζω**	[pernáo], [ðiasxízo]
pedestrian	**πεζός** (αρ.)	[pezós]
sidewalk	**πεζοδρόμιο** (ουδ.)	[pezoðrómio]
bridge	**γέφυρα** (θηλ.)	[jéfira]
embankment (river walk)	**προκυμαία** (θηλ.)	[prokiméa]
fountain	**κρήνη** (θηλ.)	[kríni]
allée (garden walkway)	**αλέα** (θηλ.)	[aléa]
park	**πάρκο** (ουδ.)	[párko]
boulevard	**λεωφόρος** (θηλ.)	[leofóros]
square	**πλατεία** (θηλ.)	[plʲatía]
avenue (wide street)	**λεωφόρος** (θηλ.)	[leofóros]
street	**δρόμος** (αρ.)	[ðrómos]
side street	**παράδρομος** (αρ.)	[paráðromos]
dead end	**αδιέξοδο** (ουδ.)	[aðiéksoðo]
house	**σπίτι** (ουδ.)	[spíti]
building	**κτίριο** (ουδ.)	[ktírio]
skyscraper	**ουρανοξύστης** (αρ.)	[uranoksístis]
facade	**πρόσοψη** (θηλ.)	[prósopsi]

roof	**στέγη** (θηλ.)	[stéji]
window	**παράθυρο** (ουδ.)	[paráθiro]
arch	**αψίδα** (θηλ.)	[apsíða]
column	**κολόνα** (θηλ.)	[kolʲóna]
corner	**γωνία** (θηλ.)	[ɣonía]
store window	**βιτρίνα** (θηλ.)	[vitrína]
signboard (store sign, etc.)	**ταμπέλα** (θηλ.)	[tabélʲa]
poster (e.g., playbill)	**αφίσα** (θηλ.)	[afísa]
advertising poster	**διαφημιστική αφίσα** (θηλ.)	[ðiafimistikí afísa]
billboard	**διαφημιστική πινακίδα** (θηλ.)	[ðiafimistikí pinakíða]
garbage, trash	**σκουπίδια** (ουδ.πλ.)	[skupíðia]
trash can (public ~)	**σκουπιδοτενεκές** (αρ.)	[skupiðotenekés]
to litter (vi)	**λερώνω με σκουπίδια**	[leróno me skupíðia]
garbage dump	**χωματερή** (θηλ.)	[xomaterí]
phone booth	**τηλεφωνικός θάλαμος** (αρ.)	[tilefonikós θálʲamos]
lamppost	**φανοστάτης** (αρ.)	[fanostátis]
bench (park ~)	**παγκάκι** (ουδ.)	[pangáki]
police officer	**αστυνομικός** (αρ.)	[astinomikós]
police	**αστυνομία** (θηλ.)	[astinomía]
beggar	**ζητιάνος** (αρ.)	[zitiános]
homeless (n)	**άστεγος** (αρ.)	[ásteɣos]

29. Urban institutions

store	**κατάστημα** (ουδ.)	[katástima]
drugstore, pharmacy	**φαρμακείο** (ουδ.)	[farmakío]
eyeglass store	**κατάστημα οπτικών** (ουδ.)	[katástima optikón]
shopping mall	**εμπορικό κέντρο** (ουδ.)	[emborikó kéndro]
supermarket	**σουπερμάρκετ** (ουδ.)	[supermárket]
bakery	**αρτοπωλείο** (ουδ.)	[artopolío]
baker	**φούρναρης** (αρ.)	[fúrnaris]
pastry shop	**ζαχαροπλαστείο** (ουδ.)	[zaxaroplʲastío]
grocery store	**μπακάλικο** (ουδ.)	[bakáliko]
butcher shop	**κρεοπωλείο** (ουδ.)	[kreopolío]
produce store	**μανάβικο** (ουδ.)	[manáviko]
market	**αγορά, λαϊκή** (θηλ.)	[aɣorá], [lʲajkí]
coffee house	**καφετέρια** (θηλ.)	[kafetéria]
restaurant	**εστιατόριο** (ουδ.)	[estiatório]
pub, bar	**μπαρ** (ουδ.), **μπυραρία** (θηλ.)	[bar], [biraría]
pizzeria	**πιτσαρία** (θηλ.)	[pitsaría]

hair salon	**κομμωτήριο** (ουδ.)	[komotírio]
post office	**ταχυδρομείο** (ουδ.)	[taxiðromío]
dry cleaners	**στεγνοκαθαριστήριο** (ουδ.)	[steɣnokaθaristírio]
photo studio	**φωτογραφείο** (ουδ.)	[fotoɣrafío]
shoe store	**κατάστημα παπουτσιών** (ουδ.)	[katástima paputsión]
bookstore	**βιβλιοπωλείο** (ουδ.)	[vivliopolío]
sporting goods store	**κατάστημα αθλητικών ειδών** (ουδ.)	[katástima aθlitikón iðón]
clothes repair shop	**κατάστημα επιδιορθώσεων ενδυμάτων** (ουδ.)	[katástima epiðiorθóseon enðimáton]
formal wear rental	**ενοικίαση ενδυμάτων** (θηλ.)	[enikíasi enðimáton]
video rental store	**κατάστημα ενοικίασης βίντεο** (ουδ.)	[katástima enikíasis vídeo]
circus	**τσίρκο** (ουδ.)	[tsírko]
zoo	**ζωολογικός κήπος** (αρ.)	[zoolʲoʝikós kípos]
movie theater	**κινηματογράφος** (αρ.)	[kinimatoɣráfos]
museum	**μουσείο** (ουδ.)	[musío]
library	**βιβλιοθήκη** (θηλ.)	[vivlioθíki]
theater	**θέατρο** (ουδ.)	[θéatro]
opera (opera house)	**όπερα** (θηλ.)	[ópera]
nightclub	**νυχτερινό κέντρο** (ουδ.)	[nixterinó kéndro]
casino	**καζίνο** (ουδ.)	[kazíno]
mosque	**τζαμί** (ουδ.)	[dzamí]
synagogue	**συναγωγή** (θηλ.)	[sinaɣoʝí]
cathedral	**καθεδρικός** (αρ.)	[kaθeðrikós]
temple	**ναός** (αρ.)	[naós]
church	**εκκλησία** (θηλ.)	[eklisía]
college	**πανεπιστήμιο** (ουδ.)	[panepistímio]
university	**πανεπιστήμιο** (ουδ.)	[panepistímio]
school	**σχολείο** (ουδ.)	[sxolío]
prefecture	**νομός** (αρ.)	[nómos]
city hall	**δημαρχείο** (ουδ.)	[ðimarxío]
hotel	**ξενοδοχείο** (ουδ.)	[ksenoðoxío]
bank	**τράπεζα** (θηλ.)	[trápeza]
embassy	**πρεσβεία** (θηλ.)	[prezvía]
travel agency	**ταξιδιωτικό γραφείο** (ουδ.)	[taksiðiotikó ɣrafío]
information office	**γραφείο πληροφοριών** (ουδ.)	[ɣrafío pliroforión]
currency exchange	**ανταλλακτήριο συναλλάγματος** (ουδ.)	[andalʲaktírio sinalʲáɣmatos]
subway	**μετρό** (ουδ.)	[metró]

hospital	**νοσοκομείο** (ουδ.)	[nosokomío]
gas station	**βενζινάδικο** (ουδ.)	[venzináðiko]
parking lot	**πάρκινγκ** (ουδ.)	[párking]

30. Signs

signboard (store sign, etc.)	**ταμπέλα** (θηλ.)	[tabélʲa]
notice (door sign, etc.)	**επιγραφή** (θηλ.)	[epiɣrafí]
poster	**αφίσα, πόστερ** (ουδ.)	[afísa], [póster]
direction sign	**πινακίδα** (θηλ.)	[pinakíða]
arrow (sign)	**βελάκι** (ουδ.)	[velʲáki]
caution	**προειδοποίηση** (θηλ.)	[proiðopíisi]
warning sign	**προειδοποίηση** (θηλ.)	[proiðopíisi]
to warn (vt)	**προειδοποιώ**	[proiðopió]
rest day (weekly ~)	**ρεπό** (ουδ.)	[repó]
timetable (schedule)	**ωράριο** (ουδ.)	[orário]
opening hours	**ώρες λειτουργίας** (θηλ.πλ.)	[óres liturʝías]
WELCOME!	**ΚΑΛΩΣ ΗΡΘΑΤΕ!**	[kalʲos ípθate]
ENTRANCE	**ΕΙΣΟΔΟΣ**	[ísoðos]
EXIT	**ΕΞΟΔΟΣ**	[éksoðos]
PUSH	**ΩΘΗΣΑΤΕ**	[oθísate]
PULL	**ΕΛΞΑΤΕ**	[élʲksate]
OPEN	**ΑΝΟΙΚΤΟ**	aníkto
CLOSED	**ΚΛΕΙΣΤΟ**	[klísto]
WOMEN	**ΓΥΝΑΙΚΩΝ**	[ʝinekón]
MEN	**ΑΝΔΡΕΣ**	[ánðres]
DISCOUNTS	**ΕΚΠΤΩΣΕΙΣ**	[ekptósis]
SALE	**ΞΕΠΟΥΛΗΜΑ**	[ksepúlima]
NEW!	**ΝΕΟ!**	[néo]
FREE	**ΔΩΡΕΑΝ**	[ðoreán]
ATTENTION!	**ΠΡΟΣΟΧΗ!**	[prosoxí]
NO VACANCIES	**ΔΕΝ ΥΠΑΡΧΟΥΝ ΚΕΝΑ ΔΩΜΑΤΙΑ**	[ðen ipárxun kená ðomátia]
RESERVED	**ΡΕΖΕΡΒΕ**	[rezervé]
ADMINISTRATION	**ΔΙΕΥΘΥΝΤΗΣ**	[ðiéfθindis]
STAFF ONLY	**ΜΟΝΟ ΓΙΑ ΤΟ ΠΡΟΣΩΠΙΚΟ**	[móno ʝa to prosopikó]
BEWARE OF THE DOG!	**ΠΡΟΣΟΧΗ ΣΚΥΛΟΣ**	[prosoxí skílʲos]
NO SMOKING	**ΑΠΑΓΟΡΕΥΕΤΑΙ ΤΟ ΚΑΠΝΙΣΜΑ**	[apaɣorévete to kápnizma]
DO NOT TOUCH!	**ΜΗΝ ΑΓΓΙΖΕΤΕ!**	[min angízete]

DANGEROUS	**ΚΙΝΔΥΝΟΣ**	[kínðinos]
DANGER	**ΚΙΝΔΥΝΟΣ**	[kínðinos]
HIGH VOLTAGE	**ΥΨΗΛΗ ΤΑΣΗ**	[ípseli tási]
NO SWIMMING!	**ΑΠΑΓΟΡΕΥΕΤΑΙ ΤΟ ΚΟΛΥΜΠΙ**	[apaɣorévete to kolíbi]
OUT OF ORDER	**ΕΚΤΟΣ ΛΕΙΤΟΥΡΓΙΑΣ**	éktos liturʝías
FLAMMABLE	**ΕΥΦΛΕΚΤΟ**	[éflekto]
FORBIDDEN	**ΑΠΑΓΟΡΕΥΕΤΑΙ**	[apaɣorévete]
NO TRESPASSING!	**ΑΠΑΓΟΡΕΥΕΤΑΙ ΤΟ ΠΕΡΑΣΜΑ**	[apaɣorévete to pérazma]
WET PAINT	**ΦΡΕΣΚΟΒΑΜΜΕΝΟ**	[frésko vaméno]

31. Shopping

to buy (purchase)	**αγοράζω**	[aɣorázo]
purchase	**αγορά** (θηλ.)	[aɣorá]
to go shopping	**ψωνίζω**	[psonízo]
shopping	**shopping** (ουδ.)	[ʃópiŋ]
to be open (ab. store)	**λειτουργώ**	[liturɣó]
to be closed	**κλείνω**	[klíno]
footwear, shoes	**υποδήματα** (ουδ.πλ.)	[ipoðímata]
clothes, clothing	**ενδύματα** (ουδ.πλ.)	[enðímata]
cosmetics	**καλλυντικά** (ουδ.πλ.)	[kalindiká]
food products	**τρόφιμα** (ουδ.πλ.)	[trófima]
gift, present	**δώρο** (ουδ.)	[ðóro]
salesman	**πωλητής** (αρ.)	[politís]
saleswoman	**πωλήτρια** (θηλ.)	[polítria]
check out, cash desk	**ταμείο** (ουδ.)	[tamío]
mirror	**καθρέφτης** (αρ.)	[kaθréftis]
counter (store ~)	**πάγκος** (αρ.)	[pángos]
fitting room	**δοκιμαστήριο** (ουδ.)	[ðokimastírio]
to try on	**δοκιμάζω**	[ðokimázo]
to fit (ab. dress, etc.)	**ταιριάζω**	[teriázo]
to like (I like ...)	**μου αρέσει**	[mu arési]
price	**τιμή** (θηλ.)	[timí]
price tag	**καρτέλα τιμής** (θηλ.)	[kartélʲa timís]
to cost (vt)	**κοστίζω**	[kostízo]
How much?	**Πόσο κάνει;**	póso káni?
discount	**έκπτωση** (θηλ.)	[ékptosi]
inexpensive (adj)	**φτηνός**	[ftinós]
cheap (adj)	**φτηνός**	[ftinós]
expensive (adj)	**ακριβός**	[akrivós]

It's expensive	Είναι ακριβός	[íne akrivós]
rental (n)	ενοικίαση (θηλ.)	[enikíasi]
to rent (~ a tuxedo)	νοικιάζω	[nikiázo]
credit (trade credit)	πίστωση (θηλ.)	[pístosi]
on credit (adv)	με πίστωση	[me pístosi]

CLOTHING & ACCESSORIES

32. Outerwear. Coats

clothes	**ενδύματα** (ουδ.πλ.)	[enðímata]
outerwear	**πανωφόρια** (ουδ.πλ.)	[panofória]
winter clothing	**χειμωνιάτικα ρούχα** (ουδ.πλ.)	[ximoniátika rúxa]
coat (overcoat)	**παλτό** (ουδ.)	[palʲtó]
fur coat	**γούνα** (θηλ.)	[ɣúna]
fur jacket	**κοντογούνι** (ουδ.)	[kondoɣúni]
down coat	**πουπουλένιο μπουφάν** (ουδ.)	[pupulénio bufán]
jacket (e.g., leather ~)	**μπουφάν** (ουδ.)	[bufán]
raincoat (trenchcoat, etc.)	**αδιάβροχο** (ουδ.)	[aðiávroxo]
waterproof (adj)	**αδιάβροχος**	[aðiávroxos]

33. Men's & women's clothing

shirt (button shirt)	**πουκάμισο** (ουδ.)	[pukámiso]
pants	**παντελόνι** (ουδ.)	[pandelʲóni]
jeans	**τζιν** (ουδ.)	[dzin]
suit jacket	**σακάκι** (ουδ.)	[sakáki]
suit	**κοστούμι** (ουδ.)	[kostúmi]
dress (frock)	**φόρεμα** (ουδ.)	[fórema]
skirt	**φούστα** (θηλ.)	[fústa]
blouse	**μπλούζα** (θηλ.)	[blʲúza]
knitted jacket (cardigan, etc.)	**ζακέτα** (θηλ.)	[zakéta]
jacket (of woman's suit)	**σακάκι** (ουδ.)	[sakáki]
T-shirt	**μπλουζάκι** (ουδ.)	[blʲuzáki]
shorts (short trousers)	**σορτς** (ουδ.)	[sorts]
tracksuit	**αθλητική φόρμα** (θηλ.)	[aθlitikí fórma]
bathrobe	**μπουρνούζι** (ουδ.)	[burnúzi]
pajamas	**πιτζάμα** (θηλ.)	[pidzáma]
sweater	**πουλόβερ** (ουδ.)	[pulʲóver]
pullover	**πουλόβερ** (ουδ.)	[pulʲóver]
vest	**γιλέκο** (ουδ.)	[ʝiléko]
tailcoat	**φράκο** (ουδ.)	[fráko]

tuxedo	**σμόκιν** (ουδ.)	[smókin]
uniform	**στολή** (θηλ.)	[stolí]
workwear	**τα ρούχα της δουλειάς** (ουδ.πλ.)	[ta rúxa tis ðuliás]
overalls	**φόρμα** (θηλ.)	[fórma]
coat (e.g., doctor's smock)	**ρόμπα** (θηλ.)	[rómpa]

34. Clothing. Underwear

underwear	**εσώρουχα** (ουδ.πλ.)	[esóruxa]
boxers, briefs	**μποξεράκι** (ουδ.)	[bokseráki]
panties	**εσώρουχο** (ουδ.)	[esóruxo]
undershirt (A-shirt)	**φανέλα** (θηλ.)	[fanélʲa]
socks	**κάλτσες** (θηλ.πλ.)	[kálʲtses]
nightdress	**νυχτικό** (ουδ.)	[nixtikó]
bra	**σουτιέν** (ουδ.)	[sutién]
knee highs (knee-high socks)	**κάλτσες μέχρι το γόνατο** (θηλ.πλ.)	[kálʲtses méxri to ɣónato]
pantyhose	**καλτσόν** (ουδ.)	[kalʲtsón]
stockings (thigh highs)	**κάλτσες** (θηλ.πλ.)	[kálʲtses]
bathing suit	**μαγιό** (ουδ.)	[majió]

35. Headwear

hat	**καπέλο** (ουδ.)	[kapélʲo]
fedora	**καπέλο, φεντόρα** (ουδ.)	[kapélʲo], [fedóra]
baseball cap	**καπέλο του μπέιζμπολ** (ουδ.)	[kapélʲo tu béjzbolʲ]
flatcap	**κασκέτο** (ουδ.)	[kaskéto]
beret	**μπερές** (αρ.)	[berés]
hood	**κουκούλα** (θηλ.)	[kukúlʲa]
panama hat	**παναμάς** (αρ.)	[panamás]
knit cap (knitted hat)	**πλεκτό καπέλο** (ουδ.)	[plektó kapélʲo]
headscarf	**μαντήλι** (ουδ.)	[mandíli]
women's hat	**γυναικείο καπέλο** (ουδ.)	[jinekío kapélʲo]
hard hat	**κράνος** (ουδ.)	[krános]
garrison cap	**δίκοχο** (ουδ.)	[ðíkoxo]
helmet	**κράνος** (ουδ.)	[krános]
derby	**μπόουλερ** (αρ.)	[bóuler]
top hat	**ψηλό καπέλο** (ουδ.)	[psilʲó kapélʲo]

36. Footwear

footwear	**υποδήματα** (ουδ.πλ.)	[ipoðímata]
shoes (men's shoes)	**παπούτσια** (ουδ.πλ.)	[papútsia]
shoes (women's shoes)	**γόβες** (θηλ.πλ.)	[ɣóves]
boots (e.g., cowboy ~)	**μπότες** (θηλ.πλ.)	[bótes]
slippers	**παντόφλες** (θηλ.πλ.)	[pandófles]
tennis shoes (e.g., Nike ~)	**αθλητικά** (ουδ.πλ.)	[aθlitiká]
sneakers (e.g., Converse ~)	**αθλητικά παπούτσια** (ουδ.πλ.)	[aθlitiká papútsia]
sandals	**σανδάλια** (ουδ.)	[sanðália]
cobbler (shoe repairer)	**τσαγκάρης** (αρ.)	[tsangáris]
heel	**τακούνι** (ουδ.)	[takúni]
pair (of shoes)	**ζευγάρι** (ουδ.)	[zevɣári]
shoestring	**κορδόνι** (ουδ.)	[korðóni]
to lace (vt)	**δένω τα κορδόνια**	[ðéno ta korðónia]
shoehorn	**κόκκαλο παπουτσιών** (ουδ.)	[kókalʲo paputsion]
shoe polish	**κρέμα παπουτσιών** (θηλ.)	[kréma paputsión]

37. Personal accessories

gloves	**γάντια** (ουδ.πλ.)	[ɣándia]
mittens	**γάντια χωρίς δάχτυλα** (ουδ.πλ.)	[ɣándia xoris ðáxtilʲa]
scarf (muffler)	**κασκόλ** (ουδ.)	[kaskólʲ]
glasses (eyeglasses)	**γυαλιά** (ουδ.πλ.)	[ʝaliá]
frame (eyeglass ~)	**σκελετός** (αρ.)	[skeletós]
umbrella	**ομπρέλα** (θηλ.)	[ombrélʲa]
walking stick	**μπαστούνι** (ουδ.)	[bastúni]
hairbrush	**βούρτσα** (θηλ.)	[vúrtsa]
fan	**βεντάλια** (θηλ.)	[vendália]
tie (necktie)	**γραβάτα** (θηλ.)	[ɣraváta]
bow tie	**παπιγιόν** (ουδ.)	[papiʝón]
suspenders	**τιράντες** (θηλ.πλ.)	[tirándes]
handkerchief	**μαντήλι** (ουδ.)	[mandíli]
comb	**χτένα** (θηλ.)	[xténa]
barrette	**φουρκέτα** (θηλ.)	[furkéta]
hairpin	**φουρκέτα** (θηλ.)	[furkéta]
buckle	**πόρπη** (θηλ.)	[pórpi]
belt	**ζώνη** (θηλ.)	[zóni]
shoulder strap	**λουρί** (αρ.)	[lʲurí]

bag (handbag)	**τσάντα** (θηλ.)	[tsánda]
purse	**τσάντα** (θηλ.)	[tsánda]
backpack	**σακίδιο** (ουδ.)	[sakíðio]

38. Clothing. Miscellaneous

fashion	**μόδα** (θηλ.)	[móða]
in vogue (adj)	**της μόδας**	[tis móðas]
fashion designer	**σχεδιαστής** (αρ.)	[sxeðiastís]
collar	**γιακάς** (αρ.)	[jakás]
pocket	**τσέπη** (θηλ.)	[tsépi]
pocket (as adj)	**της τσέπης**	[tis tsépis]
sleeve	**μανίκι** (ουδ.)	[maníki]
hanging loop	**θηλιά** (θηλ.)	[θiliá]
fly (on trousers)	**φερμουάρ** (ουδ.)	[fermuár]
zipper (fastener)	**φερμουάρ** (ουδ.)	[fermuár]
fastener	**κούμπωμα** (ουδ.)	[kúmboma]
button	**κουμπί** (ουδ.)	[kumbí]
buttonhole	**κουμπότρυπα** (θηλ.)	[kumbótripa]
to come off (ab. button)	**βγαίνω**	[vjéno]
to sew (vi, vt)	**ράβω**	[rávo]
to embroider (vi, vt)	**κεντώ**	[kendó]
embroidery	**κέντημα** (ουδ.)	[kéndima]
sewing needle	**βελόνα** (θηλ.)	[velʲóna]
thread	**κλωστή** (θηλ.)	[klʲostí]
seam	**ραφή** (θηλ.)	[rafí]
to get dirty (vi)	**λερώνομαι**	[lerónome]
stain (mark, spot)	**λεκές** (αρ.)	[lekés]
to crease, crumple (vi)	**τσαλακώνομαι**	[tsalʲakónome]
to tear, to rip (vt)	**σκίζω**	[skízo]
clothes moth	**σκόρος** (αρ.)	[skóros]

39. Personal care. Cosmetics

toothpaste	**οδοντόκρεμα** (θηλ.)	[oðondókrema]
toothbrush	**οδοντόβουρτσα** (θηλ.)	[oðondóvutsa]
to brush one's teeth	**πλένω τα δόντια**	[pléno ta ðóndia]
razor	**ξυράφι** (ουδ.)	[ksiráfi]
shaving cream	**κρέμα ξυρίσματος** (θηλ.)	[kréma ksirízmatos]
to shave (vi)	**ξυρίζομαι**	[ksirízome]
soap	**σαπούνι** (ουδ.)	[sapúni]
shampoo	**σαμπουάν** (ουδ.)	[sambuán]

scissors	ψαλίδι (ουδ.)	[psalíði]
nail file	λίμα νυχιών (θηλ.)	[líma nixión]
nail clippers	νυχοκόπτης (αρ.)	[nixokóptis]
tweezers	τσιμπιδάκι (ουδ.)	[tsimbiðáki]

cosmetics	καλλυντικά (ουδ.πλ.)	[kalindiká]
face mask	μάσκα (θηλ.)	[máska]
manicure	μανικιούρ (ουδ.)	[manikiúr]
to have a manicure	κάνω μανικιούρ	[káno manikiúr]
pedicure	πεντικιούρ (ουδ.)	[pedikiúr]

make-up bag	τσαντάκι καλλυντικών (ουδ.)	[tsandáki kalindikón]
face powder	πούδρα (θηλ.)	[púðra]
powder compact	πουδριέρα (θηλ.)	[puðriéra]
blusher	ρουζ (ουδ.)	[ruz]

perfume (bottled)	άρωμα (ουδ.)	[ároma]
toilet water (lotion)	κολόνια (θηλ.)	[kolʲónia]
lotion	λοσιόν (θηλ.)	[lʲosión]
cologne	κολόνια (θηλ.)	[kolʲónia]

eyeshadow	σκιά ματιών (θηλ.)	[skiá matión]
eyeliner	μολύβι ματιών (ουδ.)	[molívi matión]
mascara	μάσκαρα (θηλ.)	[máskara]

lipstick	κραγιόν (ουδ.)	[krajión]
nail polish, enamel	βερνίκι νυχιών (ουδ.)	[verníki nixión]
hair spray	λακ μαλλιών (ουδ.)	[lʲak malión]
deodorant	αποσμητικό (ουδ.)	[apozmitikó]

cream	κρέμα (θηλ.)	[kréma]
face cream	κρέμα προσώπου (θηλ.)	[kréma prosópu]
hand cream	κρέμα χεριών (θηλ.)	[kréma xerión]
anti-wrinkle cream	αντιρυτιδική κρέμα (θηλ.)	[andiritiðikí kréma]
day cream	κρέμα ημέρας (θηλ.)	[kréma iméras]
night cream	κρέμα νυκτός (θηλ.)	[kréma niktós]
day (as adj)	ημέρας	[iméras]
night (as adj)	νυκτός	[niktós]

tampon	ταμπόν (ουδ.)	[tabón]
toilet paper (toilet roll)	χαρτί υγείας (ουδ.)	[xartí ijías]
hair dryer	πιστολάκι (ουδ.)	[pistolʲáki]

40. Watches. Clocks

watch (wristwatch)	ρολόι χειρός (ουδ.)	[rolʲój xirós]
dial	πλάκα ρολογιού (θηλ.)	[plʲáka rolʲojú]
hand (of clock, watch)	δείκτης (αρ.)	[ðíktis]
metal watch band	μπρασελέ (ουδ.)	[braselé]

watch strap	**λουράκι** (ουδ.)	[lʲuráki]
battery	**μπαταρία** (θηλ.)	[bataría]
to be dead (battery)	**εξαντλούμαι**	[eksantlʲúme]
to change a battery	**αλλάζω μπαταρία**	[alʲázo bataría]
to run fast	**πηγαίνω μπροστά**	[pʝéno brostá]
to run slow	**πηγαίνω πίσω**	[pʝéno píso]
wall clock	**ρολόι τοίχου** (ουδ.)	[rolʲój tíxu]
hourglass	**κλεψύδρα** (θηλ.)	[klepsíðra]
sundial	**ηλιακό ρολόι** (ουδ.)	[iliakó rolʲój]
alarm clock	**ξυπνητήρι** (ουδ.)	[ksipnitíri]
watchmaker	**ωρολογοποιός** (αρ.)	[orolʲoɣopiós]
to repair (vt)	**επισκευάζω**	[episkevázo]

EVERYDAY EXPERIENCE

41. Money

money	**χρήματα** (ουδ.πλ.)	[xrímata]
currency exchange	**ανταλλαγή** (θηλ.)	[andalʲaʝí]
exchange rate	**ισοτιμία** (θηλ.)	[isotimía]
ATM	**ATM** (ουδ.)	[eitiém]
coin	**κέρμα** (ουδ.)	[kérma]
dollar	**δολάριο** (ουδ.)	[ðolʲário]
euro	**ευρώ** (ουδ.)	[evró]
lira	**λίρα** (θηλ.)	[líra]
Deutschmark	**μάρκο** (ουδ.)	[márko]
franc	**φράγκο** (ουδ.)	[frángo]
pound sterling	**στερλίνα** (θηλ.)	[sterlína]
yen	**γιεν** (ουδ.)	[ʝén]
debt	**χρέος** (ουδ.)	[xréos]
debtor	**χρεώστης** (αρ.)	[xreóstis]
to lend (money)	**δανείζω**	[ðanízo]
to borrow (vi, vt)	**δανείζομαι**	[ðanízome]
bank	**τράπεζα** (θηλ.)	[trápeza]
account	**λογαριασμός** (αρ.)	[lʲoɣariazmós]
to deposit (vt)	**καταθέτω**	[kataθéto]
to deposit into the account	**καταθέτω στο λογαριασμό**	[kataθéto sto lʲoɣariazmó]
to withdraw (vt)	**κάνω ανάληψη**	[káno análipsi]
credit card	**πιστωτική κάρτα** (θηλ.)	[pistotikí kárta]
cash	**μετρητά** (ουδ.πλ.)	[metritá]
check	**επιταγή** (θηλ.)	[epitaʝí]
to write a check	**κόβω επιταγή**	[kóvo epitaʝí]
checkbook	**βιβλιάριο επιταγών** (ουδ.)	[vivliário epitaɣón]
wallet	**πορτοφόλι** (ουδ.)	[portofóli]
change purse	**πορτοφόλι** (ουδ.)	[portofóli]
safe	**χρηματοκιβώτιο** (ουδ.)	[xrimatokivótio]
heir	**κληρονόμος** (αρ.)	[klironómos]
inheritance	**κληρονομιά** (θηλ.)	[klironomiá]
fortune (wealth)	**περιουσία** (θηλ.)	[periusía]
lease	**σύμβαση μίσθωσης** (θηλ.)	[símvasi mísθosis]
rent (money)	**ενοίκιο** (ουδ.)	[eníkio]

to rent (sth from sb)	**νοικιάζω**	[nikiázo]
price	**τιμή** (θηλ.)	[timí]
cost	**κόστος** (ουδ.)	[kóstos]
sum	**ποσό** (ουδ.)	[posó]
to spend (vt)	**ξοδεύω**	[ksoðévo]
expenses	**έξοδα** (ουδ.πλ.)	[éksoða]
to economize (vi, vt)	**κάνω οικονομία**	[káno ikonomía]
economical	**οικονομικός**	[ikonomikós]
to pay (vi, vt)	**πληρώνω**	[pliróno]
payment	**αμοιβή** (θηλ.)	[amiví]
change (give the ~)	**ρέστα** (ουδ.πλ.)	[résta]
tax	**φόρος** (αρ.)	[fóros]
fine	**πρόστιμο** (ουδ.)	[próstimo]
to fine (vt)	**επιβάλλω πρόστιμο**	[epiváľo próstimo]

42. Post. Postal service

post office	**ταχυδρομείο** (ουδ.)	[taxiðromío]
mail (letters, etc.)	**ταχυδρομείο** (ουδ.)	[taxiðromío]
mailman	**ταχυδρόμος** (αρ.)	[taxiðrómos]
opening hours	**ώρες λειτουργίας** (θηλ.πλ.)	[óres liturʝías]
letter	**γράμμα** (ουδ.)	[ɣráma]
registered letter	**συστημένο γράμμα** (ουδ.)	[sistiméno ɣráma]
postcard	**κάρτα** (θηλ.)	[kárta]
telegram	**τηλεγράφημα** (ουδ.)	[tileɣráfima]
package (parcel)	**δέμα** (ουδ.)	[ðéma]
money transfer	**έμβασμα** (ουδ.)	[émvazma]
to receive (vt)	**λαμβάνω**	[ľamváno]
to send (vt)	**στέλνω**	[stéľno]
sending	**αποστολή** (θηλ.)	[apostolí]
address	**διεύθυνση** (θηλ.)	[ðiéfθinsi]
ZIP code	**ταχυδρομικός κώδικας** (αρ.)	[taxiðromikós kóðikas]
sender	**αποστολέας** (αρ.)	[apostoléas]
receiver	**παραλήπτης** (αρ.)	[paralíptis]
name (first name)	**όνομα** (ουδ.)	[ónoma]
surname (last name)	**επώνυμο** (ουδ.)	[epónimo]
postage rate	**ταχυδρομικό τέλος** (ουδ.)	[taxiðromikó téľos]
standard (adj)	**κανονικός**	[kanonikós]
economical (adj)	**οικονομικός**	[ikonomikós]
weight	**βάρος** (ουδ.)	[város]
to weigh (~ letters)	**ζυγίζω**	[ziʝízo]

envelope	**φάκελος** (αρ.)	[fákelʲos]
postage stamp	**γραμματόσημο** (ουδ.)	[ɣramatósimo]
to stamp an envelope	**βάζω γραμματόσημο**	[vázo ɣramatósimo]

43. Banking

bank	**τράπεζα** (θηλ.)	[trápeza]
branch (of bank, etc.)	**κατάστημα** (ουδ.)	[katástima]
bank clerk, consultant	**υπάλληλος** (αρ.)	[ipálilʲos]
manager (director)	**διευθυντής** (αρ.)	[ðiefθindís]
bank account	**λογαριασμός** (αρ.)	[lʲoɣariazmós]
account number	**αριθμός λογαριασμού** (αρ.)	[ariθmós lʲoɣariazmú]
checking account	**τρεχούμενος λογαριασμός** (αρ.)	[trexúmenos lʲoɣariazmós]
savings account	**λογαριασμός ταμιευτηρίου** (αρ.)	[lʲoɣariazmós tamieftiríu]
to open an account	**ανοίγω λογαριασμό**	[aníɣo lʲoɣariazmó]
to close the account	**κλείνω λογαριασμό**	[klíno lʲoɣariazmó]
to deposit into the account	**καταθέτω στο λογαριασμό**	[kataθéto sto lʲoɣariazmó]
to withdraw (vt)	**κάνω ανάληψη**	[káno análipsi]
deposit	**κατάθεση** (θηλ.)	[katáθesi]
to make a deposit	**καταθέτω**	[kataθéto]
wire transfer	**έμβασμα** (ουδ.)	[émvazma]
to wire, to transfer	**εμβάζω**	[emvázo]
sum	**ποσό** (ουδ.)	[posó]
How much?	**Πόσο κάνει;**	póso káni?
signature	**υπογραφή** (θηλ.)	[ipoɣrafí]
to sign (vt)	**υπογράφω**	[ipoɣráfo]
credit card	**πιστωτική κάρτα** (θηλ.)	[pistotikí kárta]
code (PIN code)	**κωδικός** (αρ.)	[koðikós]
credit card number	**αριθμός πιστωτικής κάρτας** (αρ.)	[ariθmós pistotikís kártas]
ATM	**ΑΤΜ** (ουδ.)	[eitiém]
check	**επιταγή** (θηλ.)	[epitaʝí]
to write a check	**κόβω επιταγή**	[kóvo epitaʝí]
checkbook	**βιβλιάριο επιταγών** (ουδ.)	[vivliário epitaɣón]
loan (bank ~)	**δάνειο** (ουδ.)	[ðánio]
to apply for a loan	**υποβάλλω αίτηση για δάνειο**	[ipovályo étisi ʝa ðánio]

to get a loan	παίρνω δάνειο	[pérno ðánio]
to give a loan	παρέχω δάνειο	[paréxo ðánio]
guarantee	εγγύηση (θηλ.)	[engíisi]

44. Telephone. Phone conversation

telephone	τηλέφωνο (ουδ.)	[tiléfono]
cell phone	κινητό τηλέφωνο (ουδ.)	[kinitó tiléfono]
answering machine	τηλεφωνητής (αρ.)	[tilefonitís]

| to call (by phone) | τηλεφωνώ | [tilefonó] |
| phone call | κλήση (θηλ.) | [klísi] |

to dial a number	καλώ έναν αριθμό	[kalʲó énan ariθmó]
Hello!	Εμπρός!	[embrós]
to ask (vt)	ρωτάω	[rotáo]
to answer (vi, vt)	απαντώ	[apandó]

to hear (vt)	ακούω	[akúo]
well (adv)	καλά	[kalʲá]
not well (adv)	χάλια	[xália]
noises (interference)	παρεμβολές (θηλ.πλ.)	[paremvolés]

receiver	ακουστικό (ουδ.)	[akustikó]
to pick up (~ the phone)	σηκώνω το ακουστικό	[sikóno to akustikó]
to hang up (~ the phone)	κλείνω το τηλεφώνο	[klíno to tiléfono]

busy (engaged)	κατειλημμένος	[katiliménos]
to ring (ab. phone)	χτυπάω	[xtipáo]
telephone book	τηλεφωνικός κατάλογος (αρ.)	[tilefonikós katálʲoɣos]

local (adj)	τοπική	[topikí]
local call	τοπική κλήση (θηλ.)	[topikí klísi]
long distance (~ call)	υπεραστική	[iperastikí]
long-distance call	υπεραστική κλήση (θηλ.)	[iperastikí klísi]
international (adj)	διεθνής	[ðieθnís]
international call	διεθνής κλήση (θηλ.)	[ðieθnís klísi]

45. Cell phone

cell phone	κινητό τηλέφωνο (ουδ.)	[kinitó tiléfono]
display	οθόνη (θηλ.)	[oθóni]
button	κουμπί (ουδ.)	[kumbí]
SIM card	κάρτα SIM (θηλ.)	[kárta sim]

| battery | μπαταρία (θηλ.) | [bataría] |
| to be dead (battery) | εξαντλούμαι | [eksantlʲúme] |

charger	**φορτιστής** (αρ.)	[fortistís]
menu	**μενού** (ουδ.)	[menú]
settings	**ρυθμίσεις** (θηλ.πλ.)	[riθmísis]
tune (melody)	**μελωδία** (θηλ.)	[melʲoðía]
to select (vt)	**επιλέγω**	[epiléɣo]
calculator	**αριθμομηχανή** (θηλ.)	[ariθmomixaní]
voice mail	**τηλεφωνητής** (αρ.)	[tilefonitís]
alarm clock	**ξυπνητήρι** (ουδ.)	[ksipnitíri]
contacts	**επαφές** (θηλ.πλ.)	[epafés]
SMS (text message)	**μήνυμα SMS** (ουδ.)	[mínima esemés]
subscriber	**συνδρομητής** (αρ.)	[sinðromitís]

46. Stationery

ballpoint pen	**στιλό διαρκείας** (ουδ.)	[stilʲó ðiarkías]
fountain pen	**πένα** (θηλ.)	[péna]
pencil	**μολύβι** (ουδ.)	[molívi]
highlighter	**μαρκαδόρος** (αρ.)	[markaðóros]
felt-tip pen	**μαρκαδόρος** (αρ.)	[markaðóros]
notepad	**μπλοκ** (ουδ.)	[blʲok]
agenda (diary)	**ατζέντα** (θηλ.)	[adzénda]
ruler	**χάρακας** (αρ.)	[xárakas]
calculator	**αριθμομηχανή** (θηλ.)	[ariθmomixaní]
eraser	**γόμα** (θηλ.)	[ɣóma]
thumbtack	**πινέζα** (θηλ.)	[pinéza]
paper clip	**συνδετήρας** (αρ.)	[sinðetíras]
glue	**κόλλα** (θηλ.)	[kólʲa]
stapler	**συρραπτικό** (ουδ.)	[siraptikó]
hole punch	**περφορατέρ** (ουδ.)	[perforatér]
pencil sharpener	**ξύστρα** (θηλ.)	[ksístra]

47. Foreign languages

language	**γλώσσα** (θηλ.)	[ɣlʲósa]
foreign (adj)	**ξένος**	[ksénos]
foreign language	**ξένη γλώσσα** (θηλ.)	[kséni ɣlósa]
to study (vt)	**μελετάω**	[meletáo]
to learn (language, etc.)	**μαθαίνω**	[maθéno]
to read (vi, vt)	**διαβάζω**	[ðiavázo]
to speak (vi, vt)	**μιλάω**	[milʲáo]
to understand (vt)	**καταλαβαίνω**	[katalʲavéno]

to write (vt)	**γράφω**	[ɣráfo]
fast (adv)	**γρήγορα**	[ɣríɣora]
slowly (adv)	**αργά**	[arɣá]
fluently (adv)	**ευφράδεια**	[effráðia]

rules	**κανόνες** (αρ.πλ.)	[kanónes]
grammar	**γραμματική** (θηλ.)	[ɣramatikí]
vocabulary	**λεξιλόγιο** (ουδ.)	[leksilʲójo]
phonetics	**φωνητική** (θηλ.)	[fonitikí]

textbook	**σχολικό βιβλίο** (ουδ.)	[sxolikó vivlío]
dictionary	**λεξικό** (ουδ.)	[leksikó]
teach-yourself book	**εγχειρίδιο αυτοδιδασκαλίας** (ουδ.)	[enxiríðio aftoðiðaskalías]
phrasebook	**βιβλίο φράσεων** (ουδ.)	[vivlío fráseon]

cassette, tape	**κασέτα** (θηλ.)	[kaséta]
videotape	**βιντεοκασέτα** (θηλ.)	[videokaséta]
CD, compact disc	**συμπαγής δίσκος** (αρ.)	[simpajís ðískos]
DVD	**DVD** (ουδ.)	[dividí]

alphabet	**αλφάβητος** (θηλ.)	[alʲfávitos]
to spell (vt)	**συλλαβίζω**	[silʲavízo]
pronunciation	**προφορά** (θηλ.)	[proforá]

accent	**προφορά** (θηλ.)	[proforá]
with an accent	**με προφορά**	[me proforá]
without an accent	**χωρίς προφορά**	[xorís proforá]

word	**λέξη** (θηλ.)	[léksi]
meaning	**σημασία** (θηλ.)	[simasía]

course (e.g., a French ~)	**μαθήματα** (ουδ.πλ.)	[maθímata]
to sign up	**γράφομαι**	[ɣráfome]
teacher	**καθηγητής** (αρ.)	[kaθijitís]

translation (process)	**μετάφραση** (θηλ.)	[metáfrasi]
translation (text, etc.)	**μετάφραση** (θηλ.)	[metáfrasi]
translator	**μεταφραστής** (αρ.)	[metafrastís]
interpreter	**διερμηνέας** (αρ.)	[ðierminéas]

polyglot	**πολύγλωσσος** (αρ.)	[políɣlʲosos]
memory	**μνήμη** (θηλ.)	[mními]

MEALS. RESTAURANT

48. Table setting

spoon	**κουτάλι** (ουδ.)	[kutáli]
knife	**μαχαίρι** (ουδ.)	[maxéri]
fork	**πιρούνι** (ουδ.)	[pirúni]
cup (e.g., coffee ~)	**φλιτζάνι** (ουδ.)	[flidzáni]
plate (dinner ~)	**πιάτο** (ουδ.)	[piáto]
saucer	**πιατάκι** (ουδ.)	[piatáki]
napkin (on table)	**χαρτοπετσέτα** (θηλ.)	[xartopetséta]
toothpick	**οδοντογλυφίδα** (θηλ.)	[oðondoɣlifíða]

49. Restaurant

restaurant	**εστιατόριο** (ουδ.)	[estiatório]
coffee house	**καφετέρια** (θηλ.)	[kafetéria]
pub, bar	**μπαρ** (ουδ.), **μπυραρία** (θηλ.)	[bar], [biraría]
tearoom	**τσαγερί** (θηλ.)	[tsaʝerí]
waiter	**σερβιτόρος** (αρ.)	[servitóros]
waitress	**σερβιτόρα** (θηλ.)	[servitóra]
bartender	**μπάρμαν** (αρ.)	[bárman]
menu	**κατάλογος** (αρ.)	[katálʲoɣos]
wine list	**κατάλογος κρασιών** (αρ.)	[katálʲoɣos krasión]
to book a table	**κλείνω τραπέζι**	[klíno trapézi]
course, dish	**πιάτο** (ουδ.)	[piáto]
to order (meal)	**παραγγέλνω**	[parangélʲno]
to make an order	**κάνω παραγγελία**	[káno parangelía]
aperitif	**απεριτίφ** (ουδ.)	[aperitíf]
appetizer	**ορεκτικό** (ουδ.)	[orektikó]
dessert	**επιδόρπιο** (ουδ.)	[epiðórpio]
check	**λογαριασμός** (αρ.)	[lʲoɣariazmós]
to pay the check	**πληρώνω λογαριασμό**	[pliróno lʲoɣariazmó]
to give change	**δίνω τα ρέστα**	[ðíno ta résta]
tip	**πουρμπουάρ** (ουδ.)	[purbuár]

50. Meals

food	**τροφή** (θηλ.), **φαγητό** (ουδ.)	[trofí], [fajitó]
to eat (vi, vt)	**τρώω**	[tróo]
breakfast	**πρωινό** (ουδ.)	[proinó]
to have breakfast	**παίρνω πρωινό**	[pérno proinó]
lunch	**μεσημεριανό** (ουδ.)	[mesimerianó]
to have lunch	**τρώω μεσημεριανό**	[tróo mesimerianó]
dinner	**δείπνο** (ουδ.)	[ðípno]
to have dinner	**τρώω βραδινό**	[tróo vraðinó]
appetite	**όρεξη** (θηλ.)	[óreksi]
Enjoy your meal!	**Καλή όρεξη!**	[kalí óreksi]
to open (~ a bottle)	**ανοίγω**	[aníɣo]
to spill (liquid)	**χύνω**	[xíno]
to spill out (vi)	**χύνομαι**	[xínome]
to boil (vi)	**βράζω**	[vrázo]
to boil (vt)	**βράζω**	[vrázo]
boiled (~ water)	**βρασμένος**	[vrazménos]
to chill, cool down (vt)	**κρυώνω**	[krióno]
to chill (vi)	**κρυώνω**	[krióno]
taste, flavor	**γεύση** (θηλ.)	[jéfsi]
aftertaste	**επίγευση** (θηλ.)	[epíjefsi]
to slim down (lose weight)	**αδυνατίζω**	[aðinatízo]
diet	**δίαιτα** (θηλ.)	[ðíeta]
vitamin	**βιταμίνη** (θηλ.)	[vitamíni]
calorie	**θερμίδα** (θηλ.)	[θermíða]
vegetarian (n)	**χορτοφάγος** (αρ.)	[xortofáɣos]
vegetarian (adj)	**χορτοφάγος**	[xortofáɣos]
fats (nutrient)	**λίπη** (ουδ.πλ.)	[lípi]
proteins	**πρωτεΐνες** (θηλ.πλ.)	[proteínes]
carbohydrates	**υδατάνθρακες** (αρ.πλ.)	[iðatánθrakes]
slice (of lemon, ham)	**φέτα** (θηλ.)	[féta]
piece (of cake, pie)	**κομμάτι** (ουδ.)	[komáti]
crumb (of bread, cake, etc.)	**ψίχουλο** (ουδ.)	[psíxulʲo]

51. Cooked dishes

course, dish	**πιάτο** (ουδ.)	[piáto]
cuisine	**κουζίνα** (θηλ.)	[kuzína]
recipe	**συνταγή** (θηλ.)	[sindají]
portion	**μερίδα** (θηλ.)	[meríða]

salad	**σαλάτα** (θηλ.)	[salʲáta]
soup	**σούπα** (θηλ.)	[súpa]
clear soup (broth)	**ζωμός** (αρ.)	[zomós]
sandwich (bread)	**σάντουιτς** (ουδ.)	[sánduits]
fried eggs	**τηγανητά αυγά** (ουδ.πλ.)	[tiɣanitá avɣá]
hamburger (beefburger)	**χάμπουργκερ** (ουδ.)	[xámburger]
beefsteak	**μπριζόλα** (θηλ.)	[brizólʲa]
side dish	**συνοδευτικό πιάτο** (ουδ.)	[sinoðeftikó piáto]
spaghetti	**σπαγγέτι** (ουδ.)	[spagéti]
mashed potatoes	**πουρές** (αρ.)	[purés]
pizza	**πίτσα** (θηλ.)	[pítsa]
porridge (oatmeal, etc.)	**πόριτζ** (ουδ.)	[póridz]
omelet	**ομελέτα** (θηλ.)	[omeléta]
boiled (e.g., ~ beef)	**βραστός**	[vrastós]
smoked (adj)	**καπνιστός**	[kapnistós]
fried (adj)	**τηγανητός**	[tiɣanitós]
dried (adj)	**αποξηραμένος**	[apoksiraménos]
frozen (adj)	**κατεψυγμένος**	[katepsiɣménos]
pickled (adj)	**τουρσί**	[tursí]
sweet (sugary)	**γλυκός**	[ɣlikós]
salty (adj)	**αλμυρός**	[alʲmirós]
cold (adj)	**κρύος**	[kríos]
hot (adj)	**ζεστός**	[zestós]
bitter (adj)	**πικρός**	[pikrós]
tasty (adj)	**νόστιμος**	[nóstimos]
to cook in boiling water	**βράζω**	[vrázo]
to cook (dinner)	**μαγειρεύω**	[majirévo]
to fry (vt)	**τηγανίζω**	[tiɣanízo]
to heat up (food)	**ζεσταίνω**	[zesténo]
to salt (vt)	**αλατίζω**	[alʲatízo]
to pepper (vt)	**πιπερώνω**	[piperóno]
to grate (vt)	**τρίβω**	[trívo]
peel (n)	**φλούδα** (θηλ.)	[flʲúða]
to peel (vt)	**καθαρίζω**	[kaθarízo]

52. Food

meat	**κρέας** (ουδ.)	[kréas]
chicken	**κότα** (θηλ.)	[kóta]
Rock Cornish hen (poussin)	**κοτόπουλο** (ουδ.)	[kotópulʲo]
duck	**πάπια** (θηλ.)	[pápia]
goose	**χήνα** (θηλ.)	[xína]

game	**θήραμα** (ουδ.)	[θírama]
turkey	**γαλοπούλα** (θηλ.)	[ɣalʲopúlʲa]
pork	**χοιρινό κρέας** (ουδ.)	[xirinó kréas]
veal	**μοσχαρίσιο κρέας** (ουδ.)	[mosxarísio kréas]
lamb	**αρνήσιο κρέας** (ουδ.)	[arnísio kréas]
beef	**βοδινό κρέας** (ουδ.)	[voðinó kréas]
rabbit	**κουνέλι** (ουδ.)	[kunéli]
sausage (bologna, etc.)	**λουκάνικο** (ουδ.)	[lʲukániko]
vienna sausage (frankfurter)	**λουκάνικο** (ουδ.)	[lʲukániko]
bacon	**μπέικον** (ουδ.)	[béjkon]
ham	**ζαμπόν** (ουδ.)	[zabón]
gammon	**καπνιστό χοιρομέρι** (ουδ.)	[kapnistó xiroméri]
pâté	**πατέ** (ουδ.)	[paté]
liver	**συκώτι** (ουδ.)	[sikóti]
hamburger (ground beef)	**κιμάς** (αρ.)	[kimás]
tongue	**γλώσσα** (θηλ.)	[ɣlʲósa]
egg	**αυγό** (ουδ.)	[avɣó]
eggs	**αυγά** (ουδ.πλ.)	[avɣá]
egg white	**ασπράδι** (ουδ.)	[aspráði]
egg yolk	**κρόκος** (αρ.)	[krókos]
fish	**ψάρι** (ουδ.)	[psári]
seafood	**θαλασσινά** (θηλ.πλ.)	[θalʲasiná]
crustaceans	**μαλακόστρακα** (ουδ.πλ.)	[malʲakóstraka]
caviar	**χαβιάρι** (ουδ.)	[xaviári]
crab	**καβούρι** (ουδ.)	[kavúri]
shrimp	**γαρίδα** (θηλ.)	[ɣaríða]
oyster	**στρείδι** (ουδ.)	[stríði]
spiny lobster	**ακανθωτός αστακός** (αρ.)	[akanθotós astakós]
octopus	**χταπόδι** (ουδ.)	[xtapóði]
squid	**καλαμάρι** (ουδ.)	[kalʲamári]
sturgeon	**οξύρυγχος** (αρ.)	[oksírinxos]
salmon	**σολομός** (αρ.)	[solʲomós]
halibut	**ιππόγλωσσος** (αρ.)	[ipóɣlʲosos]
cod	**μπακαλιάρος** (αρ.)	[bakaliáros]
mackerel	**σκουμπρί** (ουδ.)	[skumbrí]
tuna	**τόνος** (αρ.)	[tónos]
eel	**χέλι** (ουδ.)	[xéli]
trout	**πέστροφα** (θηλ.)	[péstrofa]
sardine	**σαρδέλα** (θηλ.)	[sarðélʲa]
pike	**λούτσος** (αρ.)	[lʲútsos]
herring	**ρέγγα** (θηλ.)	[rénga]
bread	**ψωμί** (ουδ.)	[psomí]

cheese	**τυρί** (ουδ.)	[tirí]
sugar	**ζάχαρη** (θηλ.)	[záxari]
salt	**αλάτι** (ουδ.)	[alʲáti]
rice	**ρύζι** (ουδ.)	[rízi]
pasta (macaroni)	**ζυμαρικά** (ουδ.πλ.)	[zimariká]
noodles	**νουντλς** (ουδ.πλ.)	[nudls]
butter	**βούτυρο** (ουδ.)	[vútiro]
vegetable oil	**φυτικό λάδι** (ουδ.)	[fitikó lʲáði]
sunflower oil	**ηλιέλαιο** (ουδ.)	[iliéleo]
margarine	**μαργαρίνη** (θηλ.)	[maryaríni]
olives	**ελιές** (θηλ.πλ.)	[eliés]
olive oil	**ελαιόλαδο** (ουδ.)	[eleólʲaðo]
milk	**γάλα** (ουδ.)	[ɣálʲa]
condensed milk	**συμπυκνωμένο γάλα** (ουδ.)	[simbiknoméno ɣálʲa]
yogurt	**γιαούρτι** (ουδ.)	[jaúrti]
sour cream	**ξινή κρέμα** (θηλ.)	[ksiní kréma]
cream (of milk)	**κρέμα γάλακτος** (θηλ.)	[kréma ɣálʲaktos]
mayonnaise	**μαγιονέζα** (θηλ.)	[majonéza]
buttercream	**κρέμα** (θηλ.)	[kréma]
groats (barley ~, etc.)	**πλιγούρι** (ουδ.)	[pliɣúri]
flour	**αλεύρι** (ουδ.)	[alévri]
canned food	**κονσέρβες** (θηλ.πλ.)	[konsérves]
cornflakes	**κορν φλέικς** (ουδ.πλ.)	[kornfléjks]
honey	**μέλι** (ουδ.)	[méli]
jam	**μαρμελάδα** (θηλ.)	[marmelʲáða]
chewing gum	**τσίχλα** (θηλ.)	[tsíxlʲa]

53. Drinks

water	**νερό** (ουδ.)	[neró]
drinking water	**πόσιμο νερό** (ουδ.)	[pósimo neró]
mineral water	**μεταλλικό νερό** (ουδ.)	[metalikó neró]
still (adj)	**χωρίς ανθρακικό**	[xorís anθrakikó]
carbonated (adj)	**ανθρακούχος**	[anθrakúxos]
sparkling (adj)	**ανθρακούχο**	[anθrakúxo]
ice	**πάγος** (αρ.)	[páɣos]
with ice	**με πάγο**	[me páɣo]
non-alcoholic (adj)	**χωρίς αλκοόλ**	[xorís alʲkoólʲ]
soft drink	**αναψυκτικό** (ουδ.)	[anapsiktikó]
refreshing drink	**αναψυκτικό** (ουδ.)	[anapsiktikó]

lemonade	**λεμονάδα** (θηλ.)	[lemonáðа]
liquors	**αλκοολούχα ποτά** (ουδ.πλ.)	[alʲkoolʲúxa potá]
wine	**κρασί** (ουδ.)	[krasí]
white wine	**λευκό κρασί** (ουδ.)	[lefkó krasí]
red wine	**κόκκινο κρασί** (ουδ.)	[kókino krasí]
liqueur	**λικέρ** (ουδ.)	[likér]
champagne	**σαμπάνια** (θηλ.)	[sambánia]
vermouth	**βερμούτ** (ουδ.)	[vermút]
whiskey	**ουίσκι** (ουδ.)	[wíski]
vodka	**βότκα** (θηλ.)	[vótka]
gin	**τζιν** (ουδ.)	[dzin]
cognac	**κονιάκ** (ουδ.)	[konják]
rum	**ρούμι** (ουδ.)	[rúmi]
coffee	**καφές** (αρ.)	[kafés]
black coffee	**σκέτος καφές** (αρ.)	[skétos kafés]
coffee with milk	**καφές με γάλα** (αρ.)	[kafés me ɣálʲa]
cappuccino	**καπουτσίνο** (αρ.)	[kaputsíno]
instant coffee	**στιγμιαίος καφές** (αρ.)	[stiɣmiéos kafes]
milk	**γάλα** (ουδ.)	[ɣálʲa]
cocktail	**κοκτέιλ** (ουδ.)	[koktéjlʲ]
milkshake	**μιλκσέικ** (ουδ.)	[milʲkséjk]
juice	**χυμός** (αρ.)	[ximós]
tomato juice	**χυμός ντομάτας** (αρ.)	[ximós domátas]
orange juice	**χυμός πορτοκαλιού** (αρ.)	[ximós portokaliú]
freshly squeezed juice	**φρέσκος χυμός** (αρ.)	[fréskos ximós]
beer	**μπύρα** (θηλ.)	[bíra]
light beer	**ανοιχτόχρωμη μπύρα** (θηλ.)	[anixtóxromi bíra]
dark beer	**σκούρα μπύρα** (θηλ.)	[skúra bíra]
tea	**τσάι** (ουδ.)	[tsáj]
black tea	**μαύρο τσάι** (ουδ.)	[mávro tsaj]
green tea	**πράσινο τσάι** (ουδ.)	[prásino tsaj]

54. Vegetables

vegetables	**λαχανικά** (ουδ.πλ.)	[lʲaxaniká]
greens	**χόρτα** (ουδ.)	[xórta]
tomato	**ντομάτα** (θηλ.)	[domáta]
cucumber	**αγγούρι** (ουδ.)	[angúri]
carrot	**καρότο** (ουδ.)	[karóto]
potato	**πατάτα** (θηλ.)	[patáta]
onion	**κρεμμύδι** (ουδ.)	[kremíði]

garlic	σκόρδο (ουδ.)	[skórðo]
cabbage	λάχανο (ουδ.)	[lʲáxano]
cauliflower	κουνουπίδι (ουδ.)	[kunupíði]
Brussels sprouts	λαχανάκι Βρυξελλών (ουδ.)	[lʲaxanáki vrikselʲón]
broccoli	μπρόκολο (ουδ.)	[brókolʲo]

beet	παντζάρι (ουδ.)	[pandzári]
eggplant	μελιτζάνα (θηλ.)	[melidzána]
zucchini	κολοκύθι (ουδ.)	[kolʲokíθi]
pumpkin	κολοκύθα (θηλ.)	[kolʲokíθa]
turnip	γογγύλι (ουδ.), ρέβα (θηλ.)	[ɣongíli], [réva]

parsley	μαϊντανός (αρ.)	[majdanós]
dill	άνηθος (αρ.)	[ániθos]
lettuce	μαρούλι (ουδ.)	[marúli]
celery	σέλινο (ουδ.)	[sélino]
asparagus	σπαράγγι (ουδ.)	[sparángi]
spinach	σπανάκι (ουδ.)	[spanáki]

pea	αρακάς (αρ.)	[arakás]
beans	κουκί (ουδ.)	[kukí]
corn (maize)	καλαμπόκι (ουδ.)	[kalʲambóki]
kidney bean	κόκκινο φασόλι (ουδ.)	[kókino fasóli]

bell pepper	πιπεριά (θηλ.)	[piperiá]
radish	ρεπανάκι (ουδ.)	[repanáki]
artichoke	αγκινάρα (θηλ.)	[anginára]

55. Fruits. Nuts

fruit	φρούτο (ουδ.)	[frúto]
apple	μήλο (ουδ.)	[mílʲo]
pear	αχλάδι (ουδ.)	[axlʲáði]
lemon	λεμόνι (ουδ.)	[lemóni]
orange	πορτοκάλι (ουδ.)	[portokáli]
strawberry (garden ~)	φράουλα (θηλ.)	[fráulʲa]

mandarin	μανταρίνι (ουδ.)	[mandaríni]
plum	δαμάσκηνο (ουδ.)	[ðamáskino]
peach	ροδάκινο (ουδ.)	[roðákino]
apricot	βερίκοκο (ουδ.)	[veríkoko]
raspberry	σμέουρο (ουδ.)	[zméuro]
pineapple	ανανάς (αρ.)	[ananás]

banana	μπανάνα (θηλ.)	[banána]
watermelon	καρπούζι (ουδ.)	[karpúzi]
grape	σταφύλι (ουδ.)	[stafíli]
sour cherry	βύσσινο (ουδ.)	[vísino]
sweet cherry	κεράσι (ουδ.)	[kerási]

melon	**πεπόνι** (ουδ.)	[pepóni]
grapefruit	**γκρέιπφρουτ** (ουδ.)	[gréjpfrut]
avocado	**αβοκάντο** (ουδ.)	[avokádo]
papaya	**παπάγια** (θηλ.)	[papája]
mango	**μάγκο** (ουδ.)	[mángo]
pomegranate	**ρόδι** (ουδ.)	[róði]
redcurrant	**κόκκινο φραγκοστάφυλο** (ουδ.)	[kókino frangostáfilʲo]
blackcurrant	**μαύρο φραγκοστάφυλο** (ουδ.)	[mávro frangostáfilʲo]
gooseberry	**λαγοκέρασο** (ουδ.)	[lʲaɣokéraso]
bilberry	**μύρτιλλο** (ουδ.)	[mírtilʲo]
blackberry	**βατόμουρο** (ουδ.)	[vatómuro]
raisin	**σταφίδα** (θηλ.)	[stafíða]
fig	**σύκο** (ουδ.)	[síko]
date	**χουρμάς** (αρ.)	[xurmás]
peanut	**φυστίκι** (ουδ.)	[fistíki]
almond	**αμύγδαλο** (ουδ.)	[amíɣðalʲo]
walnut	**καρύδι** (ουδ.)	[karíði]
hazelnut	**φουντούκι** (ουδ.)	[fundúki]
coconut	**καρύδα** (θηλ.)	[karíða]
pistachios	**φυστίκια** (ουδ.πλ.)	[fistíkia]

56. Bread. Candy

bakers' confectionery (pastry)	**ζαχαροπλαστική** (θηλ.)	[zaxaroplʲastikí]
bread	**ψωμί** (ουδ.)	[psomí]
cookies	**μπισκότο** (ουδ.)	[biskóto]
chocolate (n)	**σοκολάτα** (θηλ.)	[sokolʲáta]
chocolate (as adj)	**σοκολατένιος**	[sokolʲaténios]
candy (wrapped)	**καραμέλα** (θηλ.)	[karamélʲa]
cake (e.g., cupcake)	**κέικ** (ουδ.)	[kéjk]
cake (e.g., birthday ~)	**τούρτα** (θηλ.)	[túrta]
pie (e.g., apple ~)	**πίτα** (θηλ.)	[píta]
filling (for cake, pie)	**γέμιση** (θηλ.)	[jémisi]
jam (whole fruit jam)	**μαρμελάδα** (θηλ.)	[marmelʲáða]
marmalade	**μαρμελάδα** (θηλ.)	[marmelʲáða]
wafers	**γκοφρέτες** (θηλ.πλ.)	[gofrétes]
ice-cream	**παγωτό** (ουδ.)	[paɣotó]
pudding	**πουτίγκα** (θηλ.)	[putínga]

57. Spices

salt	**αλάτι** (ουδ.)	[alʲáti]
salty (adj)	**αλμυρός**	[alʲmirós]
to salt (vt)	**αλατίζω**	[alʲatízo]
black pepper	**μαύρο πιπέρι** (ουδ.)	[mávro pipéri]
red pepper (milled ~)	**κόκκινο πιπέρι** (ουδ.)	[kókino pipéri]
mustard	**μουστάρδα** (θηλ.)	[mustárða]
horseradish	**χρένο** (ουδ.)	[xréno]
condiment	**μπαχαρικό** (ουδ.)	[baxarikó]
spice	**καρύκευμα** (ουδ.)	[karíkevma]
sauce	**σάλτσα** (θηλ.)	[sálʲtsa]
vinegar	**ξίδι** (ουδ.)	[ksíði]
anise	**γλυκάνισος** (αρ.)	[ɣlikánisos]
basil	**βασιλικός** (αρ.)	[vasilikós]
cloves	**γαρίφαλο** (ουδ.)	[ɣarífalʲo]
ginger	**πιπερόριζα** (θηλ.)	[piperóriza]
coriander	**κόλιανδρος** (αρ.)	[kólianðros]
cinnamon	**κανέλα** (θηλ.)	[kanélʲa]
sesame	**σουσάμι** (ουδ.)	[susámi]
bay leaf	**φύλλο δάφνης** (ουδ.)	[fílʲo ðáfnis]
paprika	**πάπρικα** (θηλ.)	[páprika]
caraway	**κύμινο** (ουδ.)	[kímino]
saffron	**σαφράν** (ουδ.)	[safrán]

PERSONAL INFORMATION. FAMILY

58. Personal information. Forms

name (first name)	**όνομα** (ουδ.)	[ónoma]
surname (last name)	**επώνυμο** (ουδ.)	[epónimo]
date of birth	**ημερομηνία γέννησης** (θηλ.)	[imerominía ʝénisis]
place of birth	**τόπος γέννησης** (αρ.)	[tópos ʝénisis]
nationality	**εθνικότητα** (θηλ.)	[eθnikótita]
place of residence	**τόπος διαμονής** (αρ.)	[tópos ðiamonís]
country	**χώρα** (θηλ.)	[xóra]
profession (occupation)	**επάγγελμα** (ουδ.)	[epángelʲma]
gender, sex	**φύλο** (ουδ.)	[fílʲo]
height	**ύψος, μπόι** (ουδ.)	[ípsos], [bói]
weight	**βάρος** (ουδ.)	[város]

59. Family members. Relatives

mother	**μητέρα** (θηλ.)	[mitéra]
father	**πατέρας** (αρ.)	[patéras]
son	**γιός** (αρ.)	[ʝos]
daughter	**κόρη** (θηλ.)	[kóri]
younger daughter	**μικρότερη κόρη** (ουδ.)	[mikróteri kóri]
younger son	**μικρότερος γιός** (αρ.)	[mikróteros ʝos]
eldest daughter	**μεγαλύτερη κόρη** (θηλ.)	[meɣalíteri kóri]
eldest son	**μεγαλύτερος γιός** (αρ.)	[meɣalíteros ʝiós]
brother	**αδερφός** (αρ.)	[aðerfós]
elder brother	**μεγαλύτερος αδερφός** (αρ.)	[meɣalíteros aðerfós]
younger brother	**μικρότερος αδερφός** (αρ.)	[mikróteros aðerfós]
sister	**αδερφή** (θηλ.)	[aðerfí]
elder sister	**μεγαλύτερη αδερφή** (ουδ.)	[meɣalíteri aðerfí]
younger sister	**μικρότερη αδερφή** (ουδ.)	[mikróteri aðerfí]
cousin (masc.)	**ξάδερφος** (αρ.)	[ksáðerfos]
cousin (fem.)	**ξαδέρφη** (θηλ.)	[ksaðérfi]
mom, mommy	**μαμά** (θηλ.)	[mamá]
dad, daddy	**μπαμπάς** (αρ.)	[babás]
parents	**γονείς** (αρ.πλ.)	[ɣonís]

child	**παιδί** (ουδ.)	[peðí]
children	**παιδιά** (ουδ.πλ.)	[peðiá]
grandmother	**γιαγιά** (θηλ.)	[jajá]
grandfather	**παπούς** (αρ.)	[papús]
grandson	**εγγονός** (αρ.)	[engonós]
granddaughter	**εγγονή** (θηλ.)	[engoní]
grandchildren	**εγγόνια** (ουδ.πλ.)	[engónia]
uncle	**θείος** (αρ.)	[θíos]
aunt	**θεία** (θηλ.)	[θía]
nephew	**ανιψιός** (αρ.)	[anipsiós]
niece	**ανιψιά** (θηλ.)	[anipsiá]
mother-in-law (wife's mother)	**πεθερά** (θηλ.)	[peθerá]
father-in-law (husband's father)	**πεθερός** (αρ.)	[peθerós]
son-in-law (daughter's husband)	**γαμπρός** (αρ.)	[ɣambrós]
stepmother	**μητριά** (θηλ.)	[mitriá]
stepfather	**πατριός** (αρ.)	[patriós]
infant	**βρέφος** (ουδ.)	[vréfos]
baby (infant)	**βρέφος** (ουδ.)	[vréfos]
little boy, kid	**νήπιο** (ουδ.)	[nípio]
wife	**γυναίκα** (θηλ.)	[jinéka]
husband	**άνδρας** (αρ.)	[ánðras]
spouse (husband)	**σύζυγος** (αρ.)	[síziɣos]
spouse (wife)	**σύζυγος** (θηλ.)	[síziɣos]
married (masc.)	**παντρεμένος**	[pandreménos]
married (fem.)	**παντρεμένη**	[pandreméni]
single (unmarried)	**ανύπαντρος**	[anípandros]
bachelor	**εργένης** (αρ.)	[erjénis]
divorced (masc.)	**χωρισμένος**	[xorizménos]
widow	**χήρα** (θηλ.)	[xíra]
widower	**χήρος** (αρ.)	[xíros]
relative	**συγγενής** (αρ.)	[singenís]
close relative	**κοντινός συγγενής** (αρ.)	[kondinós singenís]
distant relative	**μακρινός συγγενής** (αρ.)	[makrinós singenís]
relatives	**συγγενείς** (αρ.πλ.)	[singenís]
orphan (boy or girl)	**ορφανό** (ουδ.)	[orfanó]
guardian (of a minor)	**κηδεμόνας** (αρ.)	[kiðemónas]
to adopt (a boy)	**υιοθετώ**	[ioθetó]
to adopt (a girl)	**υιοθετώ**	[ioθetó]

60. Friends. Coworkers

friend (masc.)	**φίλος** (αρ.)	[fílʲos]
friend (fem.)	**φίλη** (θηλ.)	[fíli]
friendship	**φιλία** (θηλ.)	[filía]
to be friends	**κάνω φιλία**	[káno filía]
buddy (masc.)	**φίλος** (αρ.)	[fílʲos]
buddy (fem.)	**φιλενάδα** (θηλ.)	[filenáða]
partner	**συνέταιρος** (αρ.)	[sinéteros]
chief (boss)	**αφεντικό** (ουδ.)	[afendikó]
superior (n)	**προϊστάμενος** (αρ.)	[projstámenos]
owner, proprietor	**ιδιοκτήτης** (αρ.)	[iðioktítis]
subordinate (n)	**υφιστάμενος** (αρ.)	[ifistámenos]
colleague	**συνεργάτης** (αρ.)	[sinerɣátis]
acquaintance (person)	**γνωστός** (αρ.)	[ɣnostós]
fellow traveler	**συνταξιδιώτης** (αρ.)	[sindaksiðiótis]
classmate	**συμμαθητής** (αρ.)	[simaθitís]
neighbor (masc.)	**γείτονας** (αρ.)	[ʝítonas]
neighbor (fem.)	**γειτόνισσα** (θηλ.)	[ʝitónisa]
neighbors	**γείτονες** (αρ.πλ.)	[ʝítones]

HUMAN BODY. MEDICINE

61. Head

head	κεφάλι (ουδ.)	[kefáli]
face	πρόσωπο (ουδ.)	[prósopo]
nose	μύτη (θηλ.)	[míti]
mouth	στόμα (ουδ.)	[stóma]
eye	μάτι (ουδ.)	[máti]
eyes	μάτια (ουδ.πλ.)	[mátia]
pupil	κόρη (θηλ.)	[kóri]
eyebrow	φρύδι (ουδ.)	[fríði]
eyelash	βλεφαρίδα (θηλ.)	[vlefaríða]
eyelid	βλέφαρο (ουδ.)	[vléfaro]
tongue	γλώσσα (θηλ.)	[ɣlʲósa]
tooth	δόντι (ουδ.)	[ðóndi]
lips	χείλη (ουδ.πλ.)	[xíli]
cheekbones	ζυγωματικά (ουδ.πλ.)	[ziɣomatiká]
gum	ούλο (ουδ.)	[úlʲo]
palate	ουρανίσκος (αρ.)	[uranískos]
nostrils	ρουθούνια (ουδ.πλ.)	[ruθúnia]
chin	πηγούνι (ουδ.)	[piɣúni]
jaw	σαγόνι (ουδ.)	[saɣóni]
cheek	μάγουλο (ουδ.)	[máɣulʲo]
forehead	μέτωπο (ουδ.)	[métopo]
temple	κρόταφος (αρ.)	[krótafos]
ear	αυτί (ουδ.)	[aftí]
back of the head	πίσω μέρος του κεφαλιού (ουδ.)	[píso méros tu kefaliú]
neck	αυχένας , σβέρκος (αρ.)	[afxénas], [svérkos]
throat	λαιμός (αρ.)	[lemós]
hair	μαλλιά (ουδ.πλ.)	[maliá]
hairstyle	χτένισμα (ουδ.)	[xténizma]
haircut	κούρεμα (ουδ.)	[kúrema]
wig	περούκα (θηλ.)	[perúka]
mustache	μουστάκι (ουδ.)	[mustáki]
beard	μούσι (ουδ.)	[músi]
to have (a beard, etc.)	φορώ	[foró]
braid	κοτσίδα (θηλ.)	[kotsíða]
sideburns	φαβορίτες (θηλ.πλ.)	[favorítes]

red-haired (adj)	**κοκκινομάλλης**	[kokinomális]
gray (hair)	**γκρίζος**	[grízos]
bald (adj)	**φαλακρός**	[falʲakrós]
bald patch	**φαλάκρα** (θηλ.)	[falʲákra]
ponytail	**αλογοουρά** (θηλ.)	[alʲoɣourá]
bangs	**φράντζα** (θηλ.)	[frándza]

62. Human body

hand	**χέρι** (ουδ.)	[xéri]
arm	**χέρι** (ουδ.)	[xéri]
finger	**δάχτυλο** (ουδ.)	[ðáxtilʲo]
toe	**δάχτυλο** (ουδ.)	[ðáxtilʲo]
thumb	**αντίχειρας** (αρ.)	[andíxiras]
little finger	**μικρό δάχτυλο** (ουδ.)	[mikró ðáxtilʲo]
nail	**νύχι** (ουδ.)	[níxi]
fist	**γροθιά** (θηλ.)	[ɣroθxá]
palm	**παλάμη** (θηλ.)	[palʲámi]
wrist	**καρπός** (αρ.)	[karpós]
forearm	**πήχης** (αρ.)	[píxis]
elbow	**αγκώνας** (αρ.)	[angónas]
shoulder	**ώμος** (αρ.)	[ómos]
leg	**πόδι** (ουδ.)	[póði]
foot	**πόδι** (ουδ.)	[póði]
knee	**γόνατο** (ουδ.)	[ɣónato]
calf (part of leg)	**γάμπα** (θηλ.)	[ɣámba]
hip	**γοφός** (αρ.)	[ɣofós]
heel	**φτέρνα** (θηλ.)	[ftérna]
body	**σώμα** (ουδ.)	[sóma]
stomach	**κοιλιά** (θηλ.)	[kiliá]
chest	**στήθος** (ουδ.)	[stíθos]
breast	**στήθος** (ουδ.)	[stíθos]
flank	**λαγόνα** (θηλ.)	[lʲaɣóna]
back	**πλάτη** (θηλ.)	[plʲáti]
lower back	**οσφυική χώρα** (θηλ.)	[osfikí xóra]
waist	**οσφύς** (θηλ.)	[osfís]
navel (belly button)	**ομφαλός** (αρ.)	[omfalʲós]
buttocks	**οπίσθια** (ουδ.πλ.)	[opísθxa]
bottom	**πισινός** (αρ.)	[pisinós]
beauty mark	**ελιά** (θηλ.)	[eliá]
birthmark (café au lait spot)	**σημάδι εκ γενετής** (ουδ.)	[simáði ek ɟenetís]
tattoo	**τατουάζ** (ουδ.)	[tatuáz]
scar	**ουλή** (θηλ.)	[ulí]

63. Diseases

sickness	αρρώστια (θηλ.)	[aróstia]
to be sick	είμαι άρρωστος	[íme árostos]
health	υγεία (θηλ.)	[ijía]

runny nose (coryza)	συνάχι (ουδ.)	[sináxi]
tonsillitis	αμυγδαλίτιδα (θηλ.)	[amiɣðalítiða]
cold (illness)	κρυολόγημα (ουδ.)	[krioljójima]
to catch a cold	κρυολογώ	[krioljoɣó]

bronchitis	βρογχίτιδα (θηλ.)	[vronxítiða]
pneumonia	πνευμονία (θηλ.)	[pnevmonía]
flu, influenza	γρίπη (θηλ.)	[ɣrípi]

nearsighted (adj)	μύωπας	[míopas]
farsighted (adj)	πρεσβύωπας	[prezvíopas]
strabismus (crossed eyes)	στραβισμός (αρ.)	[stravizmós]
cross-eyed (adj)	αλλήθωρος	[alíθoros]
cataract	καταρράκτης (αρ.)	[kataráktis]
glaucoma	γλαύκωμα (ουδ.)	[ɣljáfkoma]

stroke	αποπληξία (θηλ.)	[apopliksía]
heart attack	έμφραγμα (ουδ.)	[émfraɣma]
myocardial infarction	έμφραγμα του μυοκαρδίου (ουδ.)	[émfraɣma tu miokarðíu]

paralysis	παράλυση (θηλ.)	[parálisi]
to paralyze (vt)	παραλύω	[paralío]

allergy	αλλεργία (θηλ.)	[alerjía]
asthma	άσθμα (ουδ.)	[ásθma]
diabetes	διαβήτης (αρ.)	[ðiavítis]

toothache	πονόδοντος (αρ.)	[ponóðondos]
caries	τερηδόνα (θηλ.)	[teriðóna]

diarrhea	διάρροια (θηλ.)	[ðiária]
constipation	δυσκοιλιότητα (θηλ.)	[ðiskiliótita]
stomach upset	στομαχική διαταραχή (θηλ.)	[stomaxikí ðiataraxí]
food poisoning	τροφική δηλητηρίαση (θηλ.)	[trofikí ðilitiríasi]
to get food poisoning	δηλητηριάζομαι	[ðilitiriázome]

arthritis	αρθρίτιδα (θηλ.)	[arθrítiða]
rickets	ραχίτιδα (θηλ.)	[raxítiða]
rheumatism	ρευματισμοί (αρ.πλ.)	[revmatizmí]
atherosclerosis	αθηροσκλήρωση (θηλ.)	[aθirosklírosi]

gastritis	γαστρίτιδα (θηλ.)	[ɣastrítiða]
appendicitis	σκωληκοειδίτιδα (θηλ.)	[skolikoiðítiða]

cholecystitis	**χολοκυστίτιδα** (θηλ.)	[xolʲokistítiða]
ulcer	**έλκος** (ουδ.)	[élʲkos]
measles	**ιλαρά** (θηλ.)	[ilʲará]
rubella (German measles)	**ερυθρά** (θηλ.)	[eriθrá]
jaundice	**ίκτερος** (αρ.)	[íkteros]
hepatitis	**ηπατίτιδα** (θηλ.)	[ipatítiða]
schizophrenia	**σχιζοφρένεια** (θηλ.)	[sxizofrénia]
rabies (hydrophobia)	**λύσσα** (θηλ.)	[lísa]
neurosis	**νεύρωση** (θηλ.)	[névrosi]
concussion	**διάσειση** (θηλ.)	[ðiásisi]
cancer	**καρκίνος** (αρ.)	[karkínos]
sclerosis	**σκλήρυνση** (θηλ.)	[sklírinsi]
multiple sclerosis	**σκλήρυνση κατά πλάκας** (θηλ.)	[sklírinsi kataplʲákas]
alcoholism	**αλκοολισμός** (αρ.)	[alʲkoolizmós]
alcoholic (n)	**αλκοολικός** (αρ.)	[alʲkoolikós]
syphilis	**σύφιλη** (θηλ.)	[sífili]
AIDS	**AIDS** (ουδ.)	[ejds]
tumor	**όγκος** (αρ.)	[óngos]
malignant (adj)	**κακοήθης**	[kakoíθis]
benign (adj)	**καλοήθης**	[kalʲoíθis]
fever	**πυρετός** (αρ.)	[piretós]
malaria	**ελονοσία** (θηλ.)	[elʲonosía]
gangrene	**γάγγραινα** (θηλ.)	[ɣángrena]
seasickness	**ναυτία** (θηλ.)	[naftía]
epilepsy	**επιληψία** (θηλ.)	[epilipsía]
epidemic	**επιδημία** (θηλ.)	[epiðimía]
typhus	**τύφος** (αρ.)	[tífos]
tuberculosis	**φυματίωση** (θηλ.)	[fimatíosi]
cholera	**χολέρα** (θηλ.)	[xoléra]
plague (bubonic ~)	**πανούκλα** (θηλ.)	[panúklʲa]

64. Symptoms. Treatments. Part 1

symptom	**σύμπτωμα** (ουδ.)	[símptoma]
temperature	**θερμοκρασία** (θηλ.)	[θermokrasía]
high temperature (fever)	**υψηλή θερμοκρασία** (θηλ.)	[ipsilí θermokrasía]
pulse (heartbeat)	**παλμός** (αρ.)	[palʲmós]
dizziness (vertigo)	**ίλιγγος** (αρ.)	[ílingos]
hot (adj)	**ζεστός**	[zestós]
shivering	**ρίγος** (ουδ.)	[ríɣos]
pale (e.g., ~ face)	**χλομός**	[xlʲomós]

cough	**βήχας** (αρ.)	[víxas]
to cough (vi)	**βήχω**	[víxo]
to sneeze (vi)	**φτερνίζομαι**	[fternízome]
faint	**λιποθυμία** (θηλ.)	[lipoθimía]
to faint (vi)	**λιποθυμώ**	[lipoθimó]
bruise (hématome)	**μελανιά** (θηλ.)	[melaniá]
bump (lump)	**καρούμπαλο** (ουδ.)	[karúmbalo]
to bang (bump)	**χτυπάω**	[xtipáo]
contusion (bruise)	**μώλωπας** (αρ.)	[mólopas]
to get a bruise	**χτυπάω**	[xtipáo]
to limp (vi)	**κουτσαίνω**	[kutséno]
dislocation	**εξάρθρημα** (ουδ.)	[eksárθrima]
to dislocate (vt)	**εξαρθρώνω**	[eksaθróno]
fracture	**κάταγμα** (ουδ.)	[kátaɣma]
to have a fracture	**παθαίνω κάταγμα**	[paθéno kátaɣma]
cut (e.g., paper ~)	**κόψιμο, σχίσιμο** (ουδ.)	[kópsimo], [sxísimo]
to cut oneself	**κόβομαι**	[kóvome]
bleeding	**αιμορραγία** (θηλ.)	[emorajía]
burn (injury)	**έγκαυμα** (ουδ.)	[éngavma]
to get burned	**καίγομαι**	[kéɣome]
to prick (vt)	**τρυπώ**	[tripó]
to prick oneself	**τρυπώ**	[tripó]
to injure (vt)	**τραυματίζω**	[travmatízo]
injury	**τραυματισμός** (αρ.)	[travmatizmós]
wound	**πληγή** (θηλ.)	[plijí]
trauma	**τραύμα** (ουδ.)	[trávma]
to be delirious	**παραμιλώ**	[paramiló]
to stutter (vi)	**τραυλίζω**	[travlízo]
sunstroke	**ηλίαση** (θηλ.)	[ilíasi]

65. Symptoms. Treatments. Part 2

pain, ache	**πόνος** (αρ.)	[pónos]
splinter (in foot, etc.)	**ακίδα** (θηλ.)	[akíða]
sweat (perspiration)	**ιδρώτας** (αρ.)	[iðrótas]
to sweat (perspire)	**ιδρώνω**	[iðróno]
vomiting	**εμετός** (αρ.)	[emetós]
convulsions	**σπασμοί** (αρ.πλ.)	[spazmí]
pregnant (adj)	**έγκυος**	[éngios]
to be born	**γεννιέμαι**	[jeniéme]
delivery, labor	**γέννα** (θηλ.)	[jéna]
to deliver (~ a baby)	**γεννάω**	[jenáo]

abortion	**έκτρωση** (θηλ.)	[éktrosi]
breathing, respiration	**αναπνοή** (θηλ.)	[anapnoí]
in-breath (inhalation)	**εισπνοή** (θηλ.)	[ispnoí]
out-breath (exhalation)	**εκπνοή** (θηλ.)	[ekpnoí]
to exhale (breathe out)	**εκπνέω**	[ekpnéo]
to inhale (vi)	**εισπνέω**	[ispnéo]
disabled person	**ανάπηρος** (αρ.)	[anápiros]
cripple	**σακάτης** (αρ.)	[sakátis]
drug addict	**ναρκομανής** (αρ.)	[narkomanís]
deaf (adj)	**κουφός, κωφός**	[kufós], [kofós]
mute (adj)	**μουγγός**	[mungós]
deaf mute (adj)	**κωφάλαλος**	[kofálʲalʲos]
mad, insane (adj)	**τρελός**	[trelʲós]
madman (demented person)	**τρελός** (αρ.)	[trelʲós]
madwoman	**τρελή** (θηλ.)	[trelí]
to go insane	**τρελαίνομαι**	[trelénome]
gene	**γονίδιο** (ουδ.)	[ɣoníðio]
immunity	**ανοσία** (θηλ.)	[anosía]
hereditary (adj)	**κληρονομικός**	[klironomikós]
congenital (adj)	**συγγενής**	[singenís]
virus	**ιός** (αρ.)	[jos]
microbe	**μικρόβιο** (ουδ.)	[mikróvio]
bacterium	**βακτήριο** (ουδ.)	[vaktírio]
infection	**μόλυνση** (θηλ.)	[mólinsi]

66. Symptoms. Treatments. Part 3

hospital	**νοσοκομείο** (ουδ.)	[nosokomío]
patient	**ασθενής** (αρ.)	[asθenís]
diagnosis	**διάγνωση** (θηλ.)	[ðiáɣnosi]
cure	**θεραπεία** (θηλ.)	[θerapía]
medical treatment	**ιατρική περίθαλψη** (θηλ.)	[jatrikí períθalʲpsi]
to get treatment	**θεραπεύομαι**	[θerapévume]
to treat (~ a patient)	**περιποιούμαι**	[peripiúme]
to nurse (look after)	**φροντίζω**	[frondízo]
care (nursing ~)	**φροντίδα** (θηλ.)	[frondíða]
operation, surgery	**εγχείρηση** (θηλ.)	[enxírisi]
to bandage (head, limb)	**επιδένω**	[epiðéno]
bandaging	**επίδεση** (θηλ.)	[epíðesi]
vaccination	**εμβόλιο** (ουδ.)	[emvólio]
to vaccinate (vt)	**εμβολιάζω**	[emvoliázo]

| injection, shot | ένεση (θηλ.) | [énesi] |
| to give an injection | κάνω ένεση | [káno énesi] |

attack	κρίση (θηλ.)	[krísi]
amputation	ακρωτηριασμός (αρ.)	[akrotiriazmós]
to amputate (vt)	ακρωτηριάζω	[akrotiriázo]
coma	κώμα (ουδ.)	[kóma]
to be in a coma	βρίσκομαι σε κώμα	[vrískome se kóma]
intensive care	εντατική (θηλ.)	[endatikí]

to recover (~ from flu)	αναρρώνω	[anaróno]
condition (patient's ~)	κατάσταση (θηλ.)	[katástasi]
consciousness	αισθήσεις (θηλ.πλ.)	[esθísis]
memory (faculty)	μνήμη (θηλ.)	[mními]

to pull out (tooth)	βγάζω	[vɣázo]
filling	σφράγισμα (ουδ.)	[sfrájizma]
to fill (a tooth)	σφραγίζω	[sfrajízo]

| hypnosis | ύπνωση (θηλ.) | [ípnosi] |
| to hypnotize (vt) | υπνωτίζω | [ipnotízo] |

67. Medicine. Drugs. Accessories

medicine, drug	φάρμακο (ουδ.)	[fármako]
remedy	θεραπεία (θηλ.)	[θerapía]
to prescribe (vt)	γράφω	[ɣráfo]
prescription	συνταγή (θηλ.)	[sindají]

tablet, pill	χάπι (ουδ.)	[xápi]
ointment	αλοιφή (θηλ.)	[alifí]
ampule	αμπούλα (θηλ.)	[ambúlʲa]
mixture, solution	διάλυμα (ουδ.)	[ðiálima]
syrup	σιρόπι (ουδ.)	[sirópi]
capsule	κάψουλα (θηλ.)	[kápsulʲa]
powder	σκόνη (θηλ.)	[skóni]

gauze bandage	επίδεσμος (αρ.)	[epíðezmos]
cotton wool	χειρουργικό βαμβάκι (ουδ.)	[xirurjikó vamváki]
iodine	ιώδιο (ουδ.)	[ióðio]

Band-Aid	τσιρότο (ουδ.)	[tsiróto]
eyedropper	σταγονόμετρο (ουδ.)	[staɣonómetro]
thermometer	θερμόμετρο (ουδ.)	[θermómetro]
syringe	σύριγγα (θηλ.)	[síringa]

| wheelchair | αναπηρικό καροτσάκι (ουδ.) | [anapirikó karotsáki] |
| crutches | πατερίτσες (θηλ.πλ.) | [paterítses] |

painkiller	**αναλγητικό** (ουδ.)	[analʲʝitikó]
laxative	**καθαρτικό** (ουδ.)	[kaθartikó]
spirits (ethanol)	**οινόπνευμα** (ουδ.)	[inópnevma]
medicinal herbs	**θεραπευτικά βότανα** (ουδ.πλ.)	[θerapeftiká vótana]
herbal (~ tea)	**από βότανα**	[apó vótana]

APARTMENT

68. Apartment

apartment	**διαμέρισμα** (ουδ.)	[ðiamérizma]
room	**δωμάτιο** (ουδ.)	[ðomátio]
bedroom	**υπνοδωμάτιο** (ουδ.)	[ipnoðomátio]
dining room	**τραπεζαρία** (θηλ.)	[trapezaría]
living room	**σαλόνι** (ουδ.)	[salʲóni]
study (home office)	**γραφείο** (ουδ.)	[ɣrafío]
entry room	**χωλ** (ουδ.)	[xolʲ]
bathroom (room with a bath or shower)	**μπάνιο** (ουδ.)	[bánio]
half bath	**τουαλέτα** (θηλ.)	[tualéta]
ceiling	**ταβάνι** (ουδ.)	[taváni]
floor	**πάτωμα** (ουδ.)	[pátoma]
corner	**γωνία** (θηλ.)	[ɣonía]

69. Furniture. Interior

furniture	**έπιπλα** (ουδ.πλ.)	[épiplʲa]
table	**τραπέζι** (ουδ.)	[trapézi]
chair	**καρέκλα** (θηλ.)	[karéklʲa]
bed	**κρεβάτι** (ουδ.)	[kreváti]
couch, sofa	**καναπές** (αρ.)	[kanapés]
armchair	**πολυθρόνα** (θηλ.)	[poliθróna]
bookcase	**βιβλιοθήκη** (θηλ.)	[vivlioθíki]
shelf	**ράφι** (ουδ.)	[ráfi]
wardrobe	**ντουλάπα** (θηλ.)	[dulʲápa]
coat rack (wall-mounted ~)	**κρεμάστρα** (θηλ.)	[kremástra]
coat stand	**καλόγερος** (αρ.)	[kalʲóʝeros]
bureau, dresser	**συρταριέρα** (θηλ.)	[sirtariéra]
coffee table	**τραπεζάκι** (ουδ.)	[trapezáki]
mirror	**καθρέφτης** (αρ.)	[kaθréftis]
carpet	**χαλί** (ουδ.)	[xalí]
rug, small carpet	**χαλάκι** (ουδ.)	[xalʲáki]
fireplace	**τζάκι** (ουδ.)	[dzáki]
candle	**κερί** (ουδ.)	[kerí]

candlestick	κηροπήγιο (ουδ.)	[kiropíjo]
drapes	κουρτίνες (θηλ.πλ.)	[kurtínes]
wallpaper	ταπετσαρία (θηλ.)	[tapetsaría]
blinds (jalousie)	στόρια (ουδ.πλ.)	[stória]

table lamp	επιτραπέζιο φωτιστικό (ουδ.)	[epitrapézio fotistikó]
wall lamp (sconce)	φωτιστικό τοίχου (ουδ.)	[fotistikó tíxu]
floor lamp	φωτιστικό δαπέδου (ουδ.)	[fotistikó ðapéðu]
chandelier	πολυέλαιος (αρ.)	[poliéleos]

leg (of chair, table)	πόδι (ουδ.)	[póði]
armrest	μπράτσο (ουδ.)	[brátso]
back (backrest)	πλάτη (θηλ.)	[plʲáti]
drawer	συρτάρι (ουδ.)	[sirtári]

70. Bedding

bedclothes	σεντόνια (ουδ.πλ.)	[sendónia]
pillow	μαξιλάρι (ουδ.)	[maksilʲári]
pillowcase	μαξιλαροθήκη (θηλ.)	[maksilʲaroθíki]
duvet, comforter	πάπλωμα (ουδ.)	[páplʲoma]
sheet	σεντόνι (ουδ.)	[sendóni]
bedspread	κουβερλί (ουδ.)	[kuverlí]

71. Kitchen

kitchen	κουζίνα (θηλ.)	[kuzína]
gas	γκάζι (ουδ.)	[gázi]
gas stove (range)	κουζίνα με γκάζι (θηλ.)	[kuzína me gázi]
electric stove	ηλεκτρική κουζίνα (θηλ.)	[ilektrikí kuzína]
oven	φούρνος (αρ.)	[fúrnos]
microwave oven	φούρνος μικροκυμάτων (αρ.)	[fúrnos mikrokimáton]

refrigerator	ψυγείο (ουδ.)	[psijío]
freezer	καταψύκτης (αρ.)	[katapsíktis]
dishwasher	πλυντήριο πιάτων (ουδ.)	[plindírio piáton]

meat grinder	κρεατομηχανή (θηλ.)	[kreatomixaní]
juicer	αποχυμωτής (αρ.)	[apoximotís]
toaster	φρυγανιέρα (θηλ.)	[friɣaniéra]
mixer	μίξερ (ουδ.)	[míkser]

coffee machine	καφετιέρα (θηλ.)	[kafetiéra]
coffee pot	καφετιέρα (θηλ.)	[kafetiéra]
coffee grinder	μύλος του καφέ (αρ.)	[mílʲos tu kafé]
kettle	βραστήρας (αρ.)	[vrastíras]

teapot	**τσαγιέρα** (θηλ.)	[tsajéra]
lid	**καπάκι** (ουδ.)	[kapáki]
tea strainer	**σουρωτήρι τσαγιού** (ουδ.)	[surotíri tsajú]
spoon	**κουτάλι** (ουδ.)	[kutáli]
teaspoon	**κουταλάκι του γλυκού** (ουδ.)	[kutalʲáki tu ɣlikú]
soup spoon	**κουτάλι της σούπας** (ουδ.)	[kutáli tis súpas]
fork	**πιρούνι** (ουδ.)	[pirúni]
knife	**μαχαίρι** (ουδ.)	[maxéri]
tableware (dishes)	**επιτραπέζια σκεύη** (ουδ.πλ.)	[epitrapézia skévi]
plate (dinner ~)	**πιάτο** (ουδ.)	[piáto]
saucer	**πιατάκι** (ουδ.)	[piatáki]
shot glass	**σφηνοπότηρο** (ουδ.)	[sfinopótiro]
glass (tumbler)	**ποτήρι** (ουδ.)	[potíri]
cup	**φλιτζάνι** (ουδ.)	[flidzáni]
sugar bowl	**ζαχαριέρα** (θηλ.)	[zaxariéra]
salt shaker	**αλατιέρα** (θηλ.)	[alʲatiéra]
pepper shaker	**πιπεριέρα** (θηλ.)	[piperiéra]
butter dish	**βουτυριέρα** (θηλ.)	[vutiriéra]
stock pot (soup pot)	**κατσαρόλα** (θηλ.)	[katsarólʲa]
frying pan (skillet)	**τηγάνι** (ουδ.)	[tiɣáni]
ladle	**κουτάλα** (θηλ.)	[kutálʲa]
colander	**σουρωτήρι** (ουδ.)	[surotíri]
tray (serving ~)	**δίσκος** (αρ.)	[ðískos]
bottle	**μπουκάλι** (ουδ.)	[bukáli]
jar (glass)	**βάζο** (ουδ.)	[vázo]
can	**κουτί** (ουδ.)	[kutí]
bottle opener	**ανοιχτήρι** (ουδ.)	[anixtíri]
can opener	**ανοιχτήρι** (ουδ.)	[anixtíri]
corkscrew	**τιρμπουσόν** (ουδ.)	[tirbusón]
filter	**φίλτρο** (ουδ.)	[fílʲtro]
to filter (vt)	**φιλτράρω**	[filʲtráro]
trash, garbage (food waste, etc.)	**σκουπίδια** (ουδ.πλ.)	[skupíðia]
trash can (kitchen ~)	**κάδος σκουπιδιών** (αρ.)	[káðos skupiðión]

72. Bathroom

bathroom	**μπάνιο** (ουδ.)	[bánio]
water	**νερό** (ουδ.)	[neró]
faucet	**βρύση** (ουδ.)	[vrísi]

hot water	**ζεστό νερό** (ουδ.)	[zestó neró]
cold water	**κρύο νερό** (ουδ.)	[krío neró]
toothpaste	**οδοντόκρεμα** (θηλ.)	[oðondókrema]
to brush one's teeth	**πλένω τα δόντια**	[pléno ta ðóndia]
toothbrush	**οδοντόβουρτσα** (θηλ.)	[oðondóvutsa]
to shave (vi)	**ξυρίζομαι**	[ksirízome]
shaving foam	**αφρός ξυρίσματος** (αρ.)	[afrós ksirízmatos]
razor	**ξυράφι** (ουδ.)	[ksiráfi]
to wash (one's hands, etc.)	**πλένω**	[pléno]
to take a bath	**πλένομαι**	[plénome]
shower	**ντους** (ουδ.)	[duz]
to take a shower	**κάνω ντους**	[káno duz]
bathtub	**μπανιέρα** (θηλ.)	[baniéra]
toilet (toilet bowl)	**λεκάνη** (θηλ.)	[lekáni]
sink (washbasin)	**νιπτήρας** (αρ.)	[niptíras]
soap	**σαπούνι** (ουδ.)	[sapúni]
soap dish	**σαπουνοθήκη** (θηλ.)	[sapunoθíki]
sponge	**σφουγγάρι** (ουδ.)	[sfungári]
shampoo	**σαμπουάν** (ουδ.)	[sambuán]
towel	**πετσέτα** (θηλ.)	[petséta]
bathrobe	**μπουρνούζι** (ουδ.)	[burnúzi]
laundry (laundering)	**μπουγάδα** (θηλ.)	[buɣáða]
washing machine	**πλυντήριο ρούχων** (ουδ.)	[plindírio rúxon]
to do the laundry	**πλένω τα σεντόνια**	[pléno ta sendónia]
laundry detergent	**απορρυπαντικό** (ουδ.)	[aporipandikó]

73. Household appliances

TV set	**τηλεόραση** (θηλ.)	[tileórasi]
tape recorder	**κασετόφωνο** (ουδ.)	[kasetófono]
VCR (video recorder)	**συσκευή βίντεο** (θηλ.)	[siskeví vídeo]
radio	**ραδιόφωνο** (ουδ.)	[raðiófono]
player (CD, MP3, etc.)	**πλέιερ** (ουδ.)	[pléjer]
video projector	**βιντεοπροβολέας** (αρ.)	[videoprovoléas]
home movie theater	**οικιακός κινηματογράφος** (αρ.)	[ikiakós kinimatoɣráfos]
DVD player	**συσκευή DVD** (θηλ.)	[siskeví dividí]
amplifier	**ενισχυτής** (αρ.)	[enisxitís]
video game console	**κονσόλα παιχνιδιών** (θηλ.)	[konsólʲa pexniðion]
video camera	**βιντεοκάμερα** (θηλ.)	[videokámera]
camera (photo)	**φωτογραφική μηχανή** (θηλ.)	[fotoɣrafikí mixaní]

digital camera	**ψηφιακή φωτογραφική μηχανή** (θηλ.)	[psifiakí fotoɣrafikí mixaní]
vacuum cleaner	**ηλεκτρική σκούπα** (θηλ.)	[ilektrikí skúpa]
iron (e.g., steam ~)	**σίδερο** (ουδ.)	[síðero]
ironing board	**σιδερώστρα** (θηλ.)	[siðeróstra]
telephone	**τηλέφωνο** (ουδ.)	[tiléfono]
cell phone	**κινητό τηλέφωνο** (ουδ.)	[kinitó tiléfono]
typewriter	**γραφομηχανή** (θηλ.)	[ɣrafomixaní]
sewing machine	**ραπτομηχανή** (θηλ.)	[raptomixaní]
microphone	**μικρόφωνο** (ουδ.)	[mikrófono]
headphones	**ακουστικά** (ουδ.πλ.)	[akustiká]
remote control (TV)	**τηλεχειριστήριο** (ουδ.)	[tilexiristírio]
CD, compact disc	**συμπαγής δίσκος** (αρ.)	[simpaɉís ðískos]
cassette, tape	**κασέτα** (θηλ.)	[kaséta]
vinyl record	**δίσκος βινυλίου** (αρ.)	[ðískos vinilíu]

THE EARTH. WEATHER

74. Outer space

space	διάστημα (ουδ.)	[ðiástima]
space (as adj)	διαστημικός	[ðiastimikós]
outer space	απώτερο διάστημα (ουδ.)	[apótero ðiástima]

world, universe	σύμπαν (ουδ.)	[símban]
galaxy	γαλαξίας (αρ.)	[ɣalʲaksías]

star	αστέρας (αρ.)	[astéras]
constellation	αστερισμός (αρ.)	[asterizmós]
planet	πλανήτης (αρ.)	[plʲanítis]
satellite	δορυφόρος (αρ.)	[ðorifóros]

meteorite	μετεωρίτης (αρ.)	[meteorítis]
comet	κομήτης (αρ.)	[komítis]
asteroid	αστεροειδής (αρ.)	[asteroiðís]

orbit	τροχιά (θηλ.)	[troxiá]
to revolve (~ around the Earth)	περιστρέφομαι	[peristréfome]
atmosphere	ατμόσφαιρα (θηλ.)	[atmósfera]

the Sun	Ήλιος (αρ.)	[ílios]
solar system	ηλιακό σύστημα (ουδ.)	[iliakó sístima]
solar eclipse	έκλειψη ηλίου (θηλ.)	[éklipsi ilíu]

the Earth	Γη (θηλ.)	[ji]
the Moon	Σελήνη (θηλ.)	[selíni]

Mars	Άρης (αρ.)	[áris]
Venus	Αφροδίτη (θηλ.)	[afroðíti]
Jupiter	Δίας (αρ.)	[ðías]
Saturn	Κρόνος (αρ.)	[krónos]

Mercury	Ερμής (αρ.)	[ermís]
Uranus	Ουρανός (αρ.)	[uranós]
Neptune	Ποσειδώνας (αρ.)	[posiðónas]
Pluto	Πλούτωνας (αρ.)	[plʲútonas]

Milky Way	Γαλαξίας (αρ.)	[ɣalʲaksías]
Great Bear (Ursa Major)	Μεγάλη Άρκτος (θηλ.)	[meɣáli árktos]
North Star	Πολικός Αστέρας (αρ.)	[polikós astéras]
Martian	Αρειανός (αρ.)	[arianós]

extraterrestrial (n)	**εξωγήινος** (αρ.)	[eksoʝíinos]
alien	**εξωγήινος** (αρ.)	[eksoʝíinos]
flying saucer	**ιπτάμενος δίσκος** (αρ.)	[iptámenos ðískos]
spaceship	**διαστημόπλοιο** (ουδ.)	[ðiastimóplio]
space station	**διαστημικός σταθμός** (αρ.)	[ðiastimikós staθmós]
blast-off	**εκτόξευση** (θηλ.)	[ektóksefsi]
engine	**κινητήρας** (αρ.)	[kinitíras]
nozzle	**ακροφύσιο** (ουδ.)	[akrofísio]
fuel	**καύσιμο** (ουδ.)	[káfsimo]
cockpit, flight deck	**πιλοτήριο** (ουδ.)	[pilʲotírio]
antenna	**κεραία** (θηλ.)	[keréa]
porthole	**φινιστρίνι** (ουδ.)	[finistríni]
solar panel	**ηλιακός συλλέκτης** (αρ.)	[iliakós siléktis]
spacesuit	**στολή αστροναύτη** (θηλ.)	[stolí astronáfti]
weightlessness	**έλλειψη βαρύτητας** (θηλ.)	[élipsi varítitas]
oxygen	**οξυγόνο** (ουδ.)	[oksiɣóno]
docking (in space)	**πρόσδεση** (θηλ.)	[prózðesi]
to dock (vi, vt)	**προσδένω**	[prozðéno]
observatory	**αστεροσκοπείο** (ουδ.)	[asteroskopío]
telescope	**τηλεσκόπιο** (ουδ.)	[tileskópio]
to observe (vt)	**παρατηρώ**	[paratiró]
to explore (vt)	**ερευνώ**	[erevnó]

75. The Earth

the Earth	**Γη** (θηλ.)	[ʝi]
the globe (the Earth)	**υδρόγειος** (θηλ.)	[iðróʝios]
planet	**πλανήτης** (αρ.)	[plʲanítis]
atmosphere	**ατμόσφαιρα** (θηλ.)	[atmósfera]
geography	**γεωγραφία** (θηλ.)	[ʝeoɣrafía]
nature	**φύση** (θηλ.)	[físi]
globe (table ~)	**υδρόγειος** (θηλ.)	[iðróʝios]
map	**χάρτης** (αρ.)	[xártis]
atlas	**άτλας** (αρ.)	[átlʲas]
Europe	**Ευρώπη** (θηλ.)	[evrópi]
Asia	**Ασία** (θηλ.)	[asía]
Africa	**Αφρική** (θηλ.)	[afrikí]
Australia	**Αυστραλία** (θηλ.)	[afstralía]
America	**Αμερική** (θηλ.)	[amerikí]

| North America | Βόρεια Αμερική (θηλ.) | [vória amerikí] |
| South America | Νότια Αμερική (θηλ.) | [nótia amerikí] |

| Antarctica | Ανταρκτική (θηλ.) | [andarktikí] |
| the Arctic | Αρκτική (θηλ.) | [arktikí] |

76. Cardinal directions

north	βορράς (αρ.)	[vorás]
to the north	προς το βορρά	[pros to vorá]
in the north	στο βορρά	[sto vorá]
northern (adj)	βόρειος	[vórios]

south	νότος (αρ.)	[nótos]
to the south	προς το νότο	[pros to nóto]
in the south	στο νότο	[sto nóto]
southern (adj)	νότιος	[nótios]

west	δύση (θηλ.)	[ðísi]
to the west	προς τη δύση	[pros ti ðísi]
in the west	στη δύση	[sti ðísi]
western (adj)	δυτικός	[ðitikós]

east	ανατολή (θηλ.)	[anatolí]
to the east	προς την ανατολή	[pros tin anatolí]
in the east	στην ανατολή	[stin anatolí]
eastern (adj)	ανατολικός	[anatolikós]

77. Sea. Ocean

sea	θάλασσα (θηλ.)	[θálʲasa]
ocean	ωκεανός (αρ.)	[okeanós]
gulf (bay)	κόλπος (αρ.)	[kólʲpos]
straits	πορθμός (αρ.)	[porθmós]

land (solid ground)	στεριά, ξηρά (θηλ.)	[steriá], [ksirá]
continent (mainland)	ήπειρος (θηλ.)	[íperos]
island	νησί (ουδ.)	[nisí]
peninsula	χερσόνησος (θηλ.)	[xersónisos]
archipelago	αρχιπέλαγος (ουδ.)	[arxipélʲaɣos]

bay, cove	κόλπος (αρ.)	[kólʲpos]
harbor	λιμάνι (ουδ.)	[limáni]
lagoon	λιμνοθάλασσα (θηλ.)	[limnoθálʲasa]
cape	ακρωτήρι (ουδ.)	[akrotíri]

| atoll | ατόλη (θηλ.) | [atóli] |
| reef | ύφαλος (αρ.) | [ífalʲos] |

coral	**κοράλλι** (ουδ.)	[koráli]
coral reef	**κοραλλιογενής ύφαλος** (αρ.)	[koraliojenís ifal^jos]
deep (adj)	**βαθύς**	[vaθís]
depth (deep water)	**βάθος** (ουδ.)	[váθos]
abyss	**άβυσσος** (θηλ.)	[ávisos]
trench (e.g., Mariana ~)	**τάφρος** (θηλ.)	[táfros]
current (Ocean ~)	**ρεύμα** (ουδ.)	[révma]
to surround (bathe)	**περιβρέχω**	[perivréxo]
shore	**παραλία** (θηλ.)	[paralía]
coast	**ακτή** (θηλ.)	[aktí]
flow (flood tide)	**πλημμυρίδα** (θηλ.)	[plimiríða]
ebb (ebb tide)	**παλίρροια** (θηλ.)	[palíria]
shoal	**ρηχά** (ουδ.πλ.)	[rixá]
bottom (~ of the sea)	**πάτος** (αρ.)	[pátos]
wave	**κύμα** (ουδ.)	[kíma]
crest (~ of a wave)	**κορυφή** (θηλ.)	[korifí]
spume (sea foam)	**αφρός** (αρ.)	[afrós]
storm (sea storm)	**καταιγίδα** (θηλ.)	[katejíða]
hurricane	**τυφώνας** (αρ.)	[tifónas]
tsunami	**τσουνάμι** (ουδ.)	[tsunámi]
calm (dead ~)	**νηνεμία** (θηλ.)	[ninemía]
quiet, calm (adj)	**ήσυχος**	[ísixos]
pole	**πόλος** (αρ.)	[pól^jos]
polar (adj)	**πολικός**	[polikós]
latitude	**γεωγραφικό πλάτος** (ουδ.)	[jeoɣrafikó pl^játos]
longitude	**μήκος** (ουδ.)	[míkos]
parallel	**παράλληλος** (αρ.)	[parálil^jos]
equator	**ισημερινός** (αρ.)	[isimerinós]
sky	**ουρανός** (αρ.)	[uranós]
horizon	**ορίζοντας** (αρ.)	[orízondas]
air	**αέρας** (αρ.)	[aéras]
lighthouse	**φάρος** (αρ.)	[fáros]
to dive (vi)	**βουτάω**	[vutáo]
to sink (ab. boat)	**βυθίζομαι**	[viθízome]
treasures	**θησαυροί** (αρ.πλ.)	[θisavrí]

78. Seas' and Oceans' names

Atlantic Ocean	**Ατλαντικός Ωκεανός** (αρ.)	[atl^jandikós okeanós]
Indian Ocean	**Ινδικός Ωκεανός** (αρ.)	[inðikós okeanós]

Pacific Ocean	**Ειρηνικός Ωκεανός** (αρ.)	[irinikós okeanós]
Arctic Ocean	**Αρκτικός Ωκεανός** (αρ.)	[arktikós okeanós]
Black Sea	**Μαύρη Θάλασσα** (θηλ.)	[mávri θálʲasa]
Red Sea	**Ερυθρά Θάλασσα** (θηλ.)	[eriθrá θálʲasa]
Yellow Sea	**Κίτρινη Θάλασσα** (θηλ.)	[kítrini θálʲasa]
White Sea	**Λευκή Θάλασσα** (θηλ.)	[lefkí θálʲasa]
Caspian Sea	**Κασπία Θάλασσα** (θηλ.)	[kaspía θálʲasa]
Dead Sea	**Νεκρά Θάλασσα** (θηλ.)	[nekrá θalʲasa]
Mediterranean Sea	**Μεσόγειος Θάλασσα** (θηλ.)	[mesójios θálʲasa]
Aegean Sea	**Αιγαίο** (ουδ.)	[ejéo]
Adriatic Sea	**Αδριατική** (θηλ.)	[aðriatikí]
Arabian Sea	**Αραβική Θάλασσα** (θηλ.)	[aravikí θálʲasa]
Sea of Japan	**Ιαπωνική Θάλασσα** (θηλ.)	[japonikí θálʲasa]
Bering Sea	**Βερίγγειος Θάλασσα** (θηλ.)	[veríngios θálʲasa]
South China Sea	**Νότια Κινέζικη Θάλασσα** (θηλ.)	[nótia kinéziki θálʲasa]
Coral Sea	**Θάλασσα των Κοραλλίων** (θηλ.)	[θálʲasa tonkoralíon]
Tasman Sea	**Θάλασσα της Τασμανίας** (θηλ.)	[θálʲasa tis tazmanías]
Caribbean Sea	**Καραϊβική θάλασσα** (θηλ.)	[karaivikí θálʲasa]
Barents Sea	**Θάλασσα Μπάρεντς** (θηλ.)	[θalʲasa bárents]
Kara Sea	**Θάλασσα του Κάρα** (θηλ.)	[θalʲasa tu kára]
North Sea	**Βόρεια Θάλασσα** (θηλ.)	[vória θálʲasa]
Baltic Sea	**Βαλτική Θάλασσα** (θηλ.)	[valʲtikí θálʲasa]
Norwegian Sea	**Νορβηγική Θάλασσα** (θηλ.)	[norvijikí θálʲasa]

79. Mountains

mountain	**βουνό** (ουδ.)	[vunó]
mountain range	**οροσειρά** (θηλ.)	[orosirá]
mountain ridge	**κορυφογραμμή** (θηλ.)	[korifoɣramí]
summit, top	**κορυφή** (θηλ.)	[korifí]
peak	**κορυφή** (θηλ.)	[korifí]
foot (~ of the mountain)	**πρόποδες** (αρ.πλ.)	[própoðes]
slope (mountainside)	**πλαγιά** (θηλ.)	[plʲajá]
volcano	**ηφαίστειο** (ουδ.)	[iféstio]
active volcano	**ενεργό ηφαίστειο** (ουδ.)	[enerɣó iféstio]
dormant volcano	**σβησμένο ηφαίστειο** (ουδ.)	[svizméno iféstio]
eruption	**έκρηξη** (θηλ.)	[ékriksi]

crater	κρατήρας (αρ.)	[kratíras]
magma	μάγμα (ουδ.)	[máɣma]
lava	λάβα (θηλ.)	[lʲáva]
molten (~ lava)	πυρακτωμένος	[piraktoménos]

canyon	φαράγγι (ουδ.)	[farángi]
gorge	φαράγγι (ουδ.)	[farángi]
crevice	ρωγμή (θηλ.)	[roɣmí]
abyss (chasm)	άβυσσος (θηλ.)	[ávisos]

pass, col	διάσελο (ουδ.)	[ðiáselʲo]
plateau	οροπέδιο (ουδ.)	[oropéðio]
cliff	γκρεμός (αρ.)	[gremós]
hill	λόφος (αρ.)	[lʲófos]

glacier	παγετώνας (αρ.)	[pajetónas]
waterfall	καταρράκτης (αρ.)	[kataráktis]
geyser	θερμοπίδακας (αρ.)	[θermopíðakas]
lake	λίμνη (θηλ.)	[límni]

plain	πεδιάδα (θηλ.)	[peðiáða]
landscape	τοπίο (ουδ.)	[topío]
echo	ηχώ (θηλ.)	[ixó]

alpinist	ορειβάτης (αρ.)	[orivátis]
rock climber	ορειβάτης (αρ.)	[orivátis]
to conquer (in climbing)	κατακτώ	[kataktó]
climb (an easy ~)	ανάβαση (θηλ.)	[anávasi]

80. Mountains names

The Alps	Άλπεις (θηλ.πλ.)	[álʲpis]
Mont Blanc	Λευκό Όρος (ουδ.)	[lefkó oros]
The Pyrenees	Πυρηναία (ουδ.πλ.)	[pirinéa]

The Carpathians	Καρπάθια Όρη (ουδ.πλ.)	[karpáθxa óri]
The Ural Mountains	Ουράλια (ουδ.πλ.)	[urália]

The Caucasus Mountains	Καύκασος (αρ.)	[káfkasos]
Mount Elbrus	Ελμπρούς (ουδ.)	[elʲbrús]

The Altai Mountains	όρη Αλτάι (ουδ.πλ.)	[óri alʲtáj]
The Tian Shan	Τιεν Σαν (ουδ.πλ.)	[tien san]
The Pamir Mountains	Παμίρ (ουδ.)	[pamír]

The Himalayas	Ιμαλάια (ουδ.πλ.)	[imalʲája]
Mount Everest	Έβερεστ (ουδ.)	[éverest]

The Andes	Άνδεις (θηλ.πλ.)	[ánðis]
Mount Kilimanjaro	Κιλιμαντζάρο (ουδ.)	[kilimandzáro]

81. Rivers

river	**ποταμός** (αρ.)	[potamós]
spring (natural source)	**πηγή** (θηλ.)	[pijí]
riverbed (river channel)	**κοίτη** (θηλ.)	[kíti]
basin (river valley)	**λεκάνη** (θηλ.)	[lekáni]
to flow into ...	**εκβάλλω στο ...**	[ekvál^jo sto]
tributary	**παραπόταμος** (αρ.)	[parapótamos]
bank (of river)	**ακτή** (θηλ.)	[aktí]
current (stream)	**ρεύμα** (ουδ.)	[révma]
downstream (adv)	**στη φορά του ρεύματος**	[sti forá tu révmatos]
upstream (adv)	**κόντρα στο ρεύμα**	[kóndra sto révma]
inundation	**πλημμύρα** (θηλ.)	[plimíra]
flooding	**ξεχείλισμα** (ουδ.)	[ksexílizma]
to overflow (vi)	**πλημμυρίζω**	[plimirízo]
to flood (vt)	**πλημμυρίζω**	[plimirízo]
shallow (shoal)	**ρηχά** (ουδ.πλ.)	[rixá]
rapids	**ορμητικό ρεύμα** (ουδ.)	[ormitikó révma]
dam	**φράγμα** (ουδ.)	[fráɣma]
canal	**κανάλι** (ουδ.)	[kanáli]
reservoir (artificial lake)	**ταμιευτήρας** (αρ.)	[tamieftíras]
sluice, lock	**θυρόφραγμα** (ουδ.)	[θirófraɣma]
water body (pond, etc.)	**νερόλακκος** (αρ.)	[neról^jakos]
swamp (marshland)	**έλος** (ουδ.)	[él^jos]
bog, marsh	**βάλτος** (αρ.)	[vál^jtos]
whirlpool	**δίνη** (θηλ.)	[ðíni]
stream (brook)	**ρυάκι** (ουδ.)	[riáki]
drinking (ab. water)	**πόσιμο**	[pósimo]
fresh (~ water)	**γλυκό**	[ɣlikó]
ice	**πάγος** (αρ.)	[páɣos]
to freeze over (ab. river, etc.)	**παγώνω**	[paɣóno]

82. Rivers' names

Seine	**Σηκουάνας** (αρ.)	[sikuánas]
Loire	**Λίγηρας** (αρ.)	[líjiras]
Thames	**Τάμεσης** (αρ.)	[támesis]
Rhine	**Ρήνος** (αρ.)	[rínos]

Danube	Δούναβης (αρ.)	[ðúnavis]
Volga	Βόλγας (αρ.)	[vólʲɣas]
Don	Ντον (αρ.)	[don]
Lena	Λένας (αρ.)	[lénas]

Yellow River	Κίτρινος Ποταμός (αρ.)	[kítrinos potamós]
Yangtze	Γιανγκτσέ (αρ.)	[jangtsé]
Mekong	Μεκόνγκ (αρ.)	[mekóng]
Ganges	Γάγγης (αρ.)	[ɣángis]

Nile River	Νείλος (αρ.)	[nílʲos]
Congo River	Κονγκό (αρ.)	[kongó]
Okavango River	Οκαβάνγκο (αρ.)	[okavángo]
Zambezi River	Ζαμβέζης (αρ.)	[zamvézis]
Limpopo River	Λιμπόπο (αρ.)	[limbópo]
Mississippi River	Μισισιπής (αρ.)	[misisipís]

83. Forest

| forest, wood | δάσος (ουδ.) | [ðásos] |
| forest (as adj) | του δάσους | [tu ðásus] |

thick forest	πυκνό δάσος (ουδ.)	[piknó ðásos]
grove	άλσος (ουδ.)	[álʲsos]
forest clearing	ξέφωτο (ουδ.)	[kséfoto]

| thicket | λόχμη (θηλ.) | [lʲóxmi] |
| scrubland | θαμνότοπος (αρ.) | [θamnótopos] |

| footpath (troddenpath) | μονοπάτι (ουδ.) | [monopáti] |
| gully | χαράδρα (θηλ.) | [xaráðra] |

tree	δέντρο (ουδ.)	[ðéndro]
leaf	φύλλο (ουδ.)	[fílʲo]
leaves (foliage)	φύλλωμα (ουδ.)	[fílʲoma]

fall of leaves	φυλλοβολία (θηλ.)	[filʲovolía]
to fall (ab. leaves)	πέφτω	[péfto]
top (of the tree)	κορυφή (θηλ.)	[korifí]

branch	κλαδί (ουδ.)	[klaðí]
bough	μεγάλο κλαδί (ουδ.)	[meɣálʲo klʲaðí]
bud (on shrub, tree)	μπουμπούκι (ουδ.)	[bubúki]
needle (of pine tree)	βελόνα (θηλ.)	[velʲóna]
pine cone	κουκουνάρι (ουδ.)	[kukunári]

tree hollow	φωλιά στο δέντρο (θηλ.)	[foliá sto ðéndro]
nest	φωλιά (θηλ.)	[foliá]
burrow (animal hole)	φωλιά (θηλ.), λαγούμι (ουδ.)	[foliá], [lʲaɣúmi]
trunk	κορμός (αρ.)	[kormós]

root	**ρίζα** (θηλ.)	[ríza]
bark	**φλοιός** (αρ.)	[fliós]
moss	**βρύο** (ουδ.)	[vrío]
to uproot (remove trees or tree stumps)	**ξεριζώνω**	[kserizóno]
to chop down	**κόβω**	[kóvo]
to deforest (vt)	**αποψιλώνω**	[apopsiljóno]
tree stump	**κομμένος κορμός** (αρ.)	[koménos kormós]
campfire	**φωτιά** (θηλ.)	[fotiá]
forest fire	**πυρκαγιά** (θηλ.)	[pirkajá]
to extinguish (vt)	**σβήνω**	[zvíno]
forest ranger	**δασοφύλακας** (αρ.)	[ðasofíljakas]
protection	**προστασία** (θηλ.)	[prostasía]
to protect (~ nature)	**προστατεύω**	[prostatévo]
poacher	**λαθροθήρας** (αρ.)	[ljaθroθíras]
steel trap	**δόκανο** (ουδ.)	[ðókano]
to gather, to pick (vt)	**μαζεύω**	[mazévo]
to pick (mushrooms)	**μαζεύω**	[mazévo]
to pick (berries)	**μαζεύω**	[mazévo]
to lose one's way	**χάνομαι**	[xánome]

84. Natural resources

natural resources	**φυσικοί πόροι** (αρ.πλ.)	[fisikí póri]
minerals	**ορυκτά** (ουδ.πλ.)	[oriktá]
deposits	**κοιτάσματα** (ουδ.πλ.)	[kitázmata]
field (e.g., oilfield)	**κοίτασμα** (ουδ.)	[kítazma]
to mine (extract)	**εξορύσσω**	[eksoríso]
mining (extraction)	**εξόρυξη** (θηλ.)	[eksóriksi]
ore	**μετάλλευμα** (ουδ.)	[metálevma]
mine (e.g., for coal)	**μεταλλείο, ορυχείο** (ουδ.)	[metalío], [orixío]
shaft (mine ~)	**φρεάτιο ορυχείου** (ουδ.)	[freátio orixíu]
miner	**ανθρακωρύχος** (αρ.)	[anθrakoríxos]
gas (natural ~)	**αέριο** (ουδ.)	[aério]
gas pipeline	**αγωγός αερίου** (αρ.)	[aɣoɣós aeríu]
oil (petroleum)	**πετρέλαιο** (ουδ.)	[petréleo]
oil pipeline	**πετρελαιαγωγός** (αρ.)	[petreleaɣoɣós]
oil well	**πετρελαιοπηγή** (θηλ.)	[petreleopijí]
derrick (tower)	**πύργος διατρήσεων** (αρ.)	[pírɣos ðiatríseon]
tanker	**τάνκερ** (ουδ.)	[tánker]
sand	**άμμος** (θηλ.)	[ámos]
limestone	**ασβεστόλιθος** (αρ.)	[asvestóliθos]

gravel	**χαλίκι** (ουδ.)	[xalíki]
peat	**τύρφη** (θηλ.)	[tírfi]
clay	**πηλός** (αρ.)	[piʎós]
coal	**γαιάνθρακας** (αρ.)	[ɣeánθrakas]
iron (ore)	**σιδηρομετάλλευμα** (ουδ.)	[siðirometálevma]
gold	**χρυσάφι** (ουδ.)	[xrisáfi]
silver	**ασήμι** (ουδ.)	[asími]
nickel	**νικέλιο** (ουδ.)	[nikélio]
copper	**χαλκός** (αρ.)	[xaʎkós]
zinc	**ψευδάργυρος** (αρ.)	[psevðárʝiros]
manganese	**μαγγάνιο** (ουδ.)	[mangánio]
mercury	**υδράργυρος** (αρ.)	[iðrárʝiros]
lead	**μόλυβδος** (αρ.)	[mólivðos]
mineral	**ορυκτό** (ουδ.)	[oriktó]
crystal	**κρύσταλλος** (αρ.)	[krístaʎos]
marble	**μάρμαρο** (ουδ.)	[mármaro]
uranium	**ουράνιο** (ουδ.)	[uránio]

85. Weather

weather	**καιρός** (αρ.)	[kerós]
weather forecast	**πρόγνωση καιρού** (θηλ.)	[próɣnosi kerú]
temperature	**θερμοκρασία** (θηλ.)	[θermokrasía]
thermometer	**θερμόμετρο** (ουδ.)	[θermómetro]
barometer	**βαρόμετρο** (ουδ.)	[varómetro]
humid (adj)	**υγρός**	[iɣrós]
humidity	**υγρασία** (θηλ.)	[iɣrasía]
heat (extreme ~)	**ζέστη** (θηλ.)	[zésti]
hot (torrid)	**ζεστός, καυτός**	[zestós], [kaftós]
it's hot	**κάνει ζέστη**	[káni zésti]
it's warm	**κάνει ζέστη**	[káni zésti]
warm (moderately hot)	**ζεστός**	[zestós]
it's cold	**κάνει κρύο**	[káni krío]
cold (adj)	**κρύος**	[kríos]
sun	**ήλιος** (αρ.)	[ílios]
to shine (vi)	**λάμπω**	[ʎámbo]
sunny (day)	**ηλιόλουστος**	[ilióʎustos]
to come up (vi)	**ανατέλλω**	[anatéʎo]
to set (vi)	**δύω**	[ðío]
cloud	**σύννεφο** (ουδ.)	[sínefo]
cloudy (adj)	**συννεφιασμένος**	[sinefiazménos]
rain cloud	**μαύρο σύννεφο** (ουδ.)	[mávro sínefo]

somber (gloomy)	συννεφιασμένος	[sinefiazménos]
rain	βροχή (θηλ.)	[vroxí]
it's raining	βρέχει	[vréxi]
rainy (~ day, weather)	βροχερός	[vroxerós]
to drizzle (vi)	ψιχαλίζει	[psixalízi]

pouring rain	δυνατή βροχή (θηλ.)	[ðinatí vroxí]
downpour	νεροποντή (θηλ.)	[neropondí]
heavy (e.g., ~ rain)	δυνατός	[ðinatós]
puddle	λακκούβα (θηλ.)	[lʲakúva]
to get wet (in rain)	βρέχομαι	[vréxome]

fog (mist)	ομίχλη (θηλ.)	[omíxli]
foggy	ομιχλώδης	[omixlʲóðis]
snow	χιόνι (ουδ.)	[xóni]
it's snowing	χιονίζει	[xonízi]

86. Severe weather. Natural disasters

thunderstorm	καταιγίδα (θηλ.)	[katejíða]
lightning (~ strike)	αστραπή (θηλ.)	[astrapí]
to flash (vi)	αστράπτω	[astrápto]

thunder	βροντή (θηλ.)	[vrondí]
to thunder (vi)	βροντάω	[vrondáo]
it's thundering	βροντάει	[vrondái]

hail	χαλάζι (ουδ.)	[xalʲázi]
it's hailing	ρίχνει χαλάζι	[ríxni xalʲázi]

to flood (vt)	πλημμυρίζω	[plimirízo]
flood, inundation	πλημμύρα (θηλ.)	[plimíra]

earthquake	σεισμός (αρ.)	[sizmós]
tremor, shoke	δόνηση (θηλ.)	[ðónisi]
epicenter	επίκεντρο (ουδ.)	[epíkendro]

eruption	έκρηξη (θηλ.)	[ékriksi]
lava	λάβα (θηλ.)	[lʲáva]

twister	ανεμοστρόβιλος (αρ.)	[anemostróvilʲos]
tornado	σίφουνας (αρ.)	[sífunas]
typhoon	τυφώνας (αρ.)	[tifónas]

hurricane	τυφώνας (αρ.)	[tifónas]
storm	καταιγίδα (θηλ.)	[katejíða]
tsunami	τσουνάμι (ουδ.)	[tsunámi]

cyclone	κυκλώνας (αρ.)	[kiklʲónas]
bad weather	κακοκαιρία (θηλ.)	[kakokería]

fire (accident)	**φωτιά, πυρκαγιά** (θηλ.)	[fotiá], [pirkaʝá]
disaster	**καταστροφή** (θηλ.)	[katastrofí]
meteorite	**μετεωρίτης** (αρ.)	[meteorítis]

avalanche	**χιονοστιβάδα** (θηλ.)	[xonostiváða]
snowslide	**χιονοστιβάδα** (θηλ.)	[xonostiváða]
blizzard	**χιονοθύελλα** (θηλ.)	[xonoθíelʲa]
snowstorm	**χιονοθύελλα** (θηλ.)	[xonoθíelʲa]

FAUNA

87. Mammals. Predators

predator	**θηρευτής** (ουδ.)	[θireftís]
tiger	**τίγρη** (θηλ.), **τίγρης** (αρ.)	[tíɣri], [tíɣris]
lion	**λιοντάρι** (ουδ.)	[liondári]
wolf	**λύκος** (αρ.)	[líkos]
fox	**αλεπού** (θηλ.)	[alepú]
jaguar	**ιαγουάρος** (αρ.)	[jaɣuáros]
leopard	**λεοπάρδαλη** (θηλ.)	[leopárðali]
cheetah	**γατόπαρδος** (αρ.)	[ɣatóparðos]
black panther	**πάνθηρας** (αρ.)	[pánθiras]
puma	**πούμα** (ουδ.)	[púma]
snow leopard	**λεοπάρδαλη** (θηλ.) **των χιόνων**	[leopárðali ton xiónon]
lynx	**λύγκας** (αρ.)	[língas]
coyote	**κογιότ** (ουδ.)	[kojiót]
jackal	**τσακάλι** (ουδ.)	[tsakáli]
hyena	**ύαινα** (θηλ.)	[íena]

88. Wild animals

animal	**ζώο** (ουδ.)	[zóo]
beast (animal)	**θηρίο** (ουδ.)	[θirío]
squirrel	**σκίουρος** (αρ.)	[skíuros]
hedgehog	**σκαντζόχοιρος** (αρ.)	[skandzóxiros]
hare	**λαγός** (αρ.)	[lʲaɣós]
rabbit	**κουνέλι** (ουδ.)	[kunéli]
badger	**ασβός** (αρ.)	[azvós]
raccoon	**ρακούν** (ουδ.)	[rakún]
hamster	**χάμστερ** (ουδ.)	[xámster]
marmot	**μυωξός** (αρ.)	[mioksós]
mole	**τυφλοπόντικας** (αρ.)	[tiflʲopóndikas]
mouse	**ποντίκι** (ουδ.)	[pondíki]
rat	**αρουραίος** (αρ.)	[aruréos]
bat	**νυχτερίδα** (θηλ.)	[nixteríða]
ermine	**ερμίνα** (θηλ.)	[ermína]

sable	σαμούρι (ουδ.)	[samúri]
marten	κουνάβι (ουδ.)	[kunávi]
weasel	νυφίτσα (θηλ.)	[nifítsa]
mink	βιζόν (ουδ.)	[vizón]
beaver	κάστορας (αρ.)	[kástoras]
otter	ενυδρίδα (θηλ.)	[eniðríða]
horse	άλογο (ουδ.)	[álʲoɣo]
moose	άλκη (θηλ.)	[álʲki]
deer	ελάφι (ουδ.)	[elʲáfi]
camel	καμήλα (θηλ.)	[kamílʲa]
bison	βίσονας (αρ.)	[vísonas]
wisent	βόνασος (αρ.)	[vónasos]
buffalo	βούβαλος (αρ.)	[vúvalʲos]
zebra	ζέβρα (θηλ.)	[zévra]
antelope	αντιλόπη (θηλ.)	[andilʲópi]
roe deer	ζαρκάδι (ουδ.)	[zarkáði]
fallow deer	ντάμα ντάμα (ουδ.)	[dáma dáma]
chamois	αγριόγιδο (ουδ.)	[aɣrióɣiðo]
wild boar	αγριογούρουνο (αρ.)	[aɣrioɣúruno]
whale	φάλαινα (θηλ.)	[fálena]
seal	φώκια (θηλ.)	[fókia]
walrus	θαλάσσιος ίππος (αρ.)	[θalʲásios ípos]
fur seal	γουνοφόρα φώκια (θηλ.)	[ɣunofóra fóka]
dolphin	δελφίνι (ουδ.)	[ðelʲfíni]
bear	αρκούδα (θηλ.)	[arkúða]
polar bear	πολική αρκούδα (θηλ.)	[polikí arkúða]
panda	πάντα (ουδ.)	[pánda]
monkey	μαϊμού (θηλ.)	[majmú]
chimpanzee	χιμπαντζής (ουδ.)	[xibadzís]
orangutan	ουραγκοτάγκος (αρ.)	[urangotángos]
gorilla	γορίλας (αρ.)	[ɣorílʲas]
macaque	μακάκας (αρ.)	[makákas]
gibbon	γίββωνας (αρ.)	[ʝívonas]
elephant	ελέφαντας (αρ.)	[eléfandas]
rhinoceros	ρινόκερος (αρ.)	[rinókeros]
giraffe	καμηλοπάρδαλη (θηλ.)	[kamilʲopárðali]
hippopotamus	ιπποπόταμος (αρ.)	[ipopótamos]
kangaroo	καγκουρό (ουδ.)	[kanguró]
koala (bear)	κοάλα (ουδ.)	[koálʲa]
mongoose	μαγκούστα (θηλ.)	[mangústa]
chinchilla	τσιντσιλά (ουδ.)	[tsintsilʲá]
skunk	μεφίτιδα (θηλ.)	[mefítiða]
porcupine	ακανθόχοιρος (αρ.)	[akanθóxiros]

89. Domestic animals

cat	**γάτα** (θηλ.)	[ɣáta]
tomcat	**γάτος** (αρ.)	[ɣátos]
dog	**σκύλος** (αρ.)	[skílʲos]
horse	**άλογο** (ουδ.)	[álʲoɣo]
stallion (male horse)	**επιβήτορας** (αρ.)	[epivítoras]
mare	**φοράδα** (θηλ.)	[foráða]
cow	**αγελάδα** (θηλ.)	[aʝelʲáða]
bull	**ταύρος** (αρ.)	[távros]
ox	**βόδι** (ουδ.)	[vóði]
sheep (ewe)	**πρόβατο** (ουδ.)	[próvato]
ram	**κριάρι** (ουδ.)	[kriári]
goat	**κατσίκα, γίδα** (θηλ.)	[katsíka], [ʝíða]
billy goat, he-goat	**τράγος** (αρ.)	[tráɣos]
donkey	**γάιδαρος** (αρ.)	[ɣáiðaros]
mule	**μουλάρι** (ουδ.)	[mulʲári]
pig, hog	**γουρούνι** (ουδ.)	[ɣurúni]
piglet	**γουρουνάκι** (ουδ.)	[ɣurunáki]
rabbit	**κουνέλι** (ουδ.)	[kunéli]
hen (chicken)	**κότα** (θηλ.)	[kóta]
rooster	**πετεινός, κόκορας** (αρ.)	[petinós], [kókoras]
duck	**πάπια** (θηλ.)	[pápia]
drake	**αρσενική πάπια** (θηλ.)	[arsenikí pápia]
goose	**χήνα** (θηλ.)	[xína]
tom turkey, gobbler	**γάλος** (αρ.)	[ɣálʲos]
turkey (hen)	**γαλοπούλα** (θηλ.)	[ɣalʲopúlʲa]
domestic animals	**κατοικίδια** (ουδ.πλ.)	[katikíðia]
tame (e.g., ~ hamster)	**κατοικίδιος**	[katikíðios]
to tame (vt)	**δαμάζω**	[ðamázo]
to breed (vt)	**εκτρέφω**	[ektréfo]
farm	**αγρόκτημα** (ουδ.)	[aɣróktima]
poultry	**πουλερικό** (ουδ.)	[pulerikó]
cattle	**βοοειδή** (ουδ.πλ.)	[vooiðí]
herd (cattle)	**κοπάδι** (ουδ.)	[kopáði]
stable	**στάβλος** (αρ.)	[stávlʲos]
pigpen	**χοιροστάσιο** (ουδ.)	[xirostásio]
cowshed	**βουστάσιο** (ουδ.)	[vustásio]
rabbit hutch	**κλουβί κουνελιού** (ουδ.)	[klʲuví kuneliú]
hen house	**κοτέτσι** (ουδ.)	[kotétsi]

90. Birds

bird	**πουλί** (ουδ.)	[pulí]
pigeon	**περιστέρι** (ουδ.)	[peristéri]
sparrow	**σπουργίτι** (ουδ.)	[spurʝíti]
tit (great tit)	**καλόγερος** (αρ.)	[kalʲóʝeros]
magpie	**καρακάξα** (θηλ.)	[karakáksa]
raven	**κόρακας** (αρ.)	[kórakas]
crow	**κουρούνα** (θηλ.)	[kurúna]
jackdaw	**κάργα** (θηλ.)	[kárɣa]
rook	**χαβαρόνι** (ουδ.)	[xavaróni]
duck	**πάπια** (θηλ.)	[pápia]
goose	**χήνα** (θηλ.)	[xína]
pheasant	**φασιανός** (αρ.)	[fasianós]
eagle	**αετός** (αρ.)	[aetós]
hawk	**γεράκι** (ουδ.)	[ʝeráki]
falcon	**γεράκι** (ουδ.)	[ʝeráki]
vulture	**γύπας** (αρ.)	[ʝípas]
condor (Andean ~)	**κόνδορας** (αρ.)	[kónðoras]
swan	**κύκνος** (αρ.)	[kíknos]
crane	**γερανός** (αρ.)	[ʝeranós]
stork	**πελαργός** (αρ.)	[pelʲarɣós]
parrot	**παπαγάλος** (αρ.)	[papaɣálʲos]
hummingbird	**κολιμπρί** (ουδ.)	[kolibrí]
peacock	**παγόνι** (ουδ.)	[paɣóni]
ostrich	**στρουθοκάμηλος** (αρ.)	[struθokámilʲos]
heron	**τσικνιάς** (αρ.)	[tsikniás]
flamingo	**φλαμίγκο** (ουδ.)	[flʲamíngo]
pelican	**πελεκάνος** (αρ.)	[pelekános]
nightingale	**αηδόνι** (ουδ.)	[aiðóni]
swallow	**χελιδόνι** (ουδ.)	[xeliðóni]
thrush	**τσίχλα** (θηλ.)	[tsíxlʲa]
song thrush	**κελαηδότσιχλα** (θηλ.)	[kelaiðótsixlʲa]
blackbird	**κοτσύφι** (ουδ.)	[kotsífi]
swift	**σταχτάρα** (θηλ.)	[staxtára]
lark	**κορυδαλλός** (αρ.)	[koriðalʲós]
quail	**ορτύκι** (ουδ.)	[ortíki]
woodpecker	**δρυοκολάπτης** (αρ.)	[ðriokolʲáptis]
cuckoo	**κούκος** (αρ.)	[kúkos]
owl	**κουκουβάγια** (θηλ.)	[kukuváʝa]
eagle owl	**μπούφος** (αρ.)	[búfos]

wood grouse	**αγριόκουρκος** (αρ.)	[aɣriókurkos]
black grouse	**λυροπετεινός** (αρ.)	[liropetinós]
partridge	**πέρδικα** (θηλ.)	[pérðika]
starling	**ψαρόνι** (ουδ.)	[psaróni]
canary	**καναρίνι** (ουδ.)	[kanaríni]
hazel grouse	**αγριόκοτα** (θηλ.)	[aɣriókota]
chaffinch	**σπίνος** (αρ.)	[spínos]
bullfinch	**πύρρουλα** (αρ.)	[pírulʲa]
seagull	**γλάρος** (αρ.)	[ɣlʲáros]
albatross	**άλμπατρος** (ουδ.)	[álʲbatros]
penguin	**πιγκουίνος** (αρ.)	[pinguínos]

91. Fish. Marine animals

bream	**αβραμίδα** (θηλ.)	[avramíða]
carp	**κυπρίνος** (αρ.)	[kiprínos]
perch	**πέρκα** (θηλ.)	[pérka]
catfish	**γουλιανός** (αρ.)	[ɣulianós]
pike	**λούτσος** (αρ.)	[lʲútsos]
salmon	**σολομός** (αρ.)	[solʲomós]
sturgeon	**οξύρυγχος** (αρ.)	[oksírinxos]
herring	**ρέγγα** (θηλ.)	[rénga]
Atlantic salmon	**σολομός του Ατλαντικού** (αρ.)	[solʲomós tu atlʲandikú]
mackerel	**σκουμπρί** (ουδ.)	[skumbrí]
flatfish	**πλατύψαρο** (ουδ.)	[plʲatípsaro]
zander, pike perch	**ποταμολάβρακο** (ουδ.)	[potamolʲávrako]
cod	**μπακαλιάρος** (αρ.)	[bakaliáros]
tuna	**τόνος** (αρ.)	[tónos]
trout	**πέστροφα** (θηλ.)	[péstrofa]
eel	**χέλι** (ουδ.)	[xéli]
electric ray	**μουδιάστρα** (θηλ.)	[muðiástra]
moray eel	**σμέρνα** (θηλ.)	[zmérna]
piranha	**πιράνχας** (ουδ.)	[piránxas]
shark	**καρχαρίας** (αρ.)	[karxarías]
dolphin	**δελφίνι** (ουδ.)	[ðelʲfíni]
whale	**φάλαινα** (θηλ.)	[fálena]
crab	**καβούρι** (ουδ.)	[kavúri]
jellyfish	**μέδουσα** (θηλ.)	[méðusa]
octopus	**χταπόδι** (ουδ.)	[xtapóði]
starfish	**αστερίας** (αρ.)	[asterías]
sea urchin	**αχινός** (αρ.)	[axinós]

seahorse	ιππόκαμπος (αρ.)	[ipókambos]
oyster	στρείδι (ουδ.)	[stríði]
shrimp	γαρίδα (θηλ.)	[ɣaríða]
lobster	αστακός (αρ.)	[astakós]
spiny lobster	ακανθωτός αστακός (αρ.)	[akanθotós astakós]

92. Amphibians. Reptiles

| snake | φίδι (ουδ.) | [fíði] |
| venomous (snake) | δηλητηριώδης | [ðilitirióðis] |

viper	οχιά (θηλ.)	[oxiá]
cobra	κόμπρα (θηλ.)	[kóbra]
python	πύθωνας (αρ.)	[píθonas]
boa	βόας (αρ.)	[vóas]

grass snake	νερόφιδο (ουδ.)	[nerófiðo]
rattle snake	κροταλίας (αρ.)	[krotalías]
anaconda	ανακόντα (θηλ.)	[anakónda]

lizard	σαύρα (θηλ.)	[sávra]
iguana	ιγκουάνα (θηλ.)	[iguána]
monitor lizard	βαράνος (αρ.)	[varános]
salamander	σαλαμάντρα (θηλ.)	[salʲamándra]
chameleon	χαμαιλέοντας (αρ.)	[xameléondas]
scorpion	σκορπιός (αρ.)	[skorpiós]

turtle	χελώνα (θηλ.)	[xelʲóna]
frog	βάτραχος (αρ.)	[vátraxos]
toad	φρύνος (αρ.)	[frínos]
crocodile	κροκόδειλος (αρ.)	[krokóðilʲos]

93. Insects

insect, bug	έντομο (ουδ.)	[éndomo]
butterfly	πεταλούδα (θηλ.)	[petalʲúða]
ant	μυρμήγκι (ουδ.)	[mirmíngi]
fly	μύγα (θηλ.)	[míɣa]
mosquito	κουνούπι (ουδ.)	[kunúpi]
beetle	σκαθάρι (ουδ.)	[skaθári]

wasp	σφήκα (θηλ.)	[sfíka]
bee	μέλισσα (θηλ.)	[mélisa]
bumblebee	βομβίνος (αρ.)	[vomvínos]
gadfly (botfly)	οίστρος (αρ.)	[ístros]

| spider | αράχνη (θηλ.) | [aráxni] |
| spiderweb | ιστός αράχνης (αρ.) | [istós aráxnis] |

dragonfly	λιβελούλα (θηλ.)	[livelʲúlʲa]
grasshopper	ακρίδα (θηλ.)	[akríða]
moth (night butterfly)	νυχτοπεταλούδα (θηλ.)	[nixtopetalʲúða]

cockroach	κατσαρίδα (θηλ.)	[katsaríða]
tick	ακάρι (ουδ.)	[akári]
flea	ψύλλος (αρ.)	[psílʲos]
midge	μυγάκι (ουδ.)	[miɣáki]

locust	ακρίδα (θηλ.)	[akríða]
snail	σαλιγκάρι (ουδ.)	[salingári]
cricket	γρύλος (αρ.)	[ɣrílʲos]
lightning bug	πυγολαμπίδα (θηλ.)	[piɣolʲambíða]
ladybug	πασχαλίτσα (θηλ.)	[pasxalítsa]
cockchafer	μηλολόνθη (θηλ.)	[milʲolʲónθi]

leech	βδέλλα (θηλ.)	[vðélʲa]
caterpillar	κάμπια (θηλ.)	[kámbia]
earthworm	σκουλήκι (ουδ.)	[skulíki]
larva	σκώληκας (αρ.)	[skólikas]

FLORA

94. Trees

tree	**δέντρο** (ουδ.)	[ðéndro]
deciduous (adj)	**φυλλοβόλος**	[filʲovólʲos]
coniferous (adj)	**κωνοφόρος**	[konofóros]
evergreen (adj)	**αειθαλής**	[aiθalís]
apple tree	**μηλιά** (θηλ.)	[miliá]
pear tree	**αχλαδιά** (θηλ.)	[axlʲaðiá]
sweet cherry tree	**κερασιά** (θηλ.)	[kerasiá]
sour cherry tree	**βυσσινιά** (θηλ.)	[visiniá]
plum tree	**δαμασκηνιά** (θηλ.)	[ðamaskiniá]
birch	**σημύδα** (θηλ.)	[simíða]
oak	**βελανιδιά** (θηλ.)	[velʲaniðiá]
linden tree	**φλαμουριά** (θηλ.)	[flʲamuriá]
aspen	**λεύκα** (θηλ.)	[léfka]
maple	**σφεντάμι** (ουδ.)	[sfendámi]
spruce	**έλατο** (ουδ.)	[élʲato]
pine	**πεύκο** (ουδ.)	[péfko]
larch	**λάριξ** (θηλ.)	[lʲáriks]
fir tree	**ελάτη** (θηλ.)	[elʲáti]
cedar	**κέδρος** (αρ.)	[kéðros]
poplar	**λεύκα** (θηλ.)	[léfka]
rowan	**σουρβιά** (θηλ.)	[surviá]
willow	**ιτιά** (θηλ.)	[itiá]
alder	**σκλήθρα** (θηλ.)	[sklíθra]
beech	**οξιά** (θηλ.)	[oksiá]
elm	**φτελιά** (θηλ.)	[fteliá]
ash (tree)	**μέλεγος** (αρ.)	[méleɣos]
chestnut	**καστανιά** (θηλ.)	[kastaniá]
magnolia	**μανόλια** (θηλ.)	[manólia]
palm tree	**φοίνικας** (αρ.)	[fínikas]
cypress	**κυπαρίσσι** (ουδ.)	[kiparísi]
mangrove	**μανγκρόβιο** (ουδ.)	[mangróvio]
baobab	**μπάομπαμπ** (ουδ.)	[báobab]
eucalyptus	**ευκάλυπτος** (αρ.)	[efkáliptos]
sequoia	**σεκόγια** (θηλ.)	[sekója]

95. Shrubs

bush	**θάμνος** (αρ.)	[θámnos]
shrub	**θάμνος** (αρ.)	[θámnos]
grapevine	**αμπέλι** (ουδ.)	[ambéli]
vineyard	**αμπέλι** (ουδ.)	[ambéli]
raspberry bush	**σμεουριά** (θηλ.)	[zmeuriá]
blackcurrant bush	**μαύρο φραγκοστάφυλο** (ουδ.)	[mávro frangostáfilʲo]
redcurrant bush	**κόκκινο φραγκοστάφυλο** (ουδ.)	[kókino frangostáfilʲo]
gooseberry bush	**λαγοκέρασο** (ουδ.)	[lʲaɣokéraso]
acacia	**ακακία** (θηλ.)	[akakía]
barberry	**βερβερίδα** (θηλ.)	[ververíða]
jasmine	**γιασεμί** (ουδ.)	[jasemí]
juniper	**άρκευθος** (θηλ.)	[árkefθos]
rosebush	**τριανταφυλλιά** (θηλ.)	[triandafiliá]
dog rose	**αγριοτριανταφυλλιά** (θηλ.)	[aɣriotriandafiliá]

96. Fruits. Berries

fruit	**φρούτο** (ουδ.)	[frúto]
fruits	**φρούτα** (ουδ.πλ.)	[frúta]
apple	**μήλο** (ουδ.)	[mílʲo]
pear	**αχλάδι** (ουδ.)	[axlʲáði]
plum	**δαμάσκηνο** (ουδ.)	[ðamáskino]
strawberry (garden ~)	**φράουλα** (θηλ.)	[fráulʲa]
sour cherry	**βύσσινο** (ουδ.)	[vísino]
sweet cherry	**κεράσι** (ουδ.)	[kerási]
grape	**σταφύλι** (ουδ.)	[stafíli]
raspberry	**σμέουρο** (ουδ.)	[zméuro]
blackcurrant	**μαύρο φραγκοστάφυλο** (ουδ.)	[mávro frangostáfilʲo]
redcurrant	**κόκκινο φραγκοστάφυλο** (ουδ.)	[kókino frangostáfilʲo]
gooseberry	**λαγοκέρασο** (ουδ.)	[lʲaɣokéraso]
cranberry	**κράνμπερι** (ουδ.)	[kránberi]
orange	**πορτοκάλι** (ουδ.)	[portokáli]
mandarin	**μανταρίνι** (ουδ.)	[mandaríni]
pineapple	**ανανάς** (αρ.)	[ananás]
banana	**μπανάνα** (θηλ.)	[banána]
date	**χουρμάς** (αρ.)	[xurmás]

lemon	**λεμόνι** (ουδ.)	[lemóni]
apricot	**βερίκοκο** (ουδ.)	[veríkoko]
peach	**ροδάκινο** (ουδ.)	[roðákino]
kiwi	**ακτινίδιο** (ουδ.)	[aktiníðio]
grapefruit	**γκρέιπφρουτ** (ουδ.)	[gréjpfrut]
berry	**μούρο** (ουδ.)	[múro]
berries	**μούρα** (ουδ.πλ.)	[múra]
wild strawberry	**χαμοκέρασο** (ουδ.)	[kxamokéraso]
bilberry	**μύρτιλλο** (ουδ.)	[mírtilʲo]

97. Flowers. Plants

flower	**λουλούδι** (ουδ.)	[lʲulʲúði]
bouquet (of flowers)	**ανθοδέσμη** (θηλ.)	[anθoðézmi]
rose (flower)	**τριαντάφυλλο** (ουδ.)	[triandáfilʲo]
tulip	**τουλίπα** (θηλ.)	[tulípa]
carnation	**γαρίφαλο** (ουδ.)	[ɣarífalʲo]
gladiolus	**γλαδιόλα** (θηλ.)	[ɣlʲaðiólʲa]
cornflower	**κενταύρια** (θηλ.)	[kentávria]
harebell	**καμπανούλα** (θηλ.)	[kampanúlʲa]
dandelion	**ταραξάκο** (ουδ.)	[taraksáko]
camomile	**χαμομήλι** (ουδ.)	[xamomíli]
aloe	**αλόη** (θηλ.)	[alʲói]
cactus	**κάκτος** (αρ.)	[káktos]
rubber plant, ficus	**φίκος** (αρ.)	[fíkos]
lily	**κρίνος** (αρ.)	[krínos]
geranium	**γεράνι** (ουδ.)	[jeráni]
hyacinth	**υάκινθος** (αρ.)	[iákinθos]
mimosa	**μιμόζα** (θηλ.)	[mimóza]
narcissus	**νάρκισσος** (αρ.)	[nárkisos]
nasturtium	**καπουτσίνος** (αρ.)	[kaputsínos]
orchid	**ορχιδέα** (θηλ.)	[orxiðéa]
peony	**παιώνια** (θηλ.)	[peónia]
violet	**μενεξές** (αρ.), **βιολέτα** (θηλ.)	[meneksés], [violéta]
pansy	**βιόλα η τρίχρωμη** (θηλ.)	[viólʲa i tríxromi]
forget-me-not	**μη-με-λησμόνει** (ουδ.)	[mi-me-lizmóni]
daisy	**μαργαρίτα** (θηλ.)	[marɣaríta]
poppy	**παπαρούνα** (θηλ.)	[paparúna]
hemp	**κάνναβη** (θηλ.)	[kánavi]
mint	**μέντα** (θηλ.)	[ménda]
lily of the valley	**μιγκέ** (ουδ.)	[mingé]

snowdrop	**γάλανθος ο χιονώδης** (αρ.)	[ɣálʲanθos oxonóðis]
nettle	**τσουκνίδα** (θηλ.)	[tsukníða]
sorrel	**λάπαθο** (ουδ.)	[lʲápaθo]
water lily	**νούφαρο** (ουδ.)	[núfaro]
fern	**φτέρη** (θηλ.)	[ftéri]
lichen	**λειχήνα** (θηλ.)	[lixína]

conservatory (greenhouse)	**θερμοκήπιο** (ουδ.)	[θermokípio]
lawn	**γκαζόν** (ουδ.)	[gazón]
flowerbed	**παρτέρι** (ουδ.)	[partéri]

plant	**φυτό** (ουδ.)	[fitó]
grass	**χορτάρι** (ουδ.)	[xortári]
blade of grass	**χορταράκι** (ουδ.)	[xortaráki]

leaf	**φύλλο** (ουδ.)	[fílʲo]
petal	**πέταλο** (ουδ.)	[pétalʲo]
stem	**βλαστός** (αρ.)	[vlʲastós]
tuber	**βολβός** (αρ.)	[volʲvós]

young plant (shoot)	**βλαστάρι** (ουδ.)	[vlʲastári]
thorn	**αγκάθι** (ουδ.)	[angáθi]

to blossom (vi)	**ανθίζω**	[anθízo]
to fade, to wither	**ξεραίνομαι**	[kserénome]
smell (odor)	**μυρωδιά** (θηλ.)	[miroðiá]
to cut (flowers)	**κόβω**	[kóvo]
to pick (a flower)	**μαζεύω**	[mazévo]

98. Cereals, grains

grain	**σιτηρά** (ουδ.πλ.)	[sitirá]
cereal crops	**δημητριακών** (ουδ.πλ.)	[ðimitriakón]
ear (of barley, etc.)	**στάχυ** (ουδ.)	[stáxi]

wheat	**σιτάρι** (ουδ.)	[sitári]
rye	**σίκαλη** (θηλ.)	[síkali]
oats	**βρώμη** (θηλ.)	[vrómi]
millet	**κεχρί** (ουδ.)	[kexrí]
barley	**κριθάρι** (ουδ.)	[kriθári]
corn	**καλαμπόκι** (ουδ.)	[kalʲambóki]
rice	**ρύζι** (ουδ.)	[rízi]
buckwheat	**μαυροσίταρο** (ουδ.)	[mavrosítaro]

pea plant	**αρακάς** (αρ.), **μπιζελιά** (θηλ.)	[arakás], [bizeliá]
kidney bean	**κόκκινο φασόλι** (ουδ.)	[kókino fasóli]
soy	**σόγια** (θηλ.)	[sója]
lentil	**φακή** (θηλ.)	[fakí]
beans (pulse crops)	**κουκί** (ουδ.)	[kukí]

COUNTRIES OF THE WORLD

99. Countries. Part 1

Afghanistan	**Αφγανιστάν** (ουδ.)	[afɣanistán]
Albania	**Αλβανία** (θηλ.)	[alʲvanía]
Argentina	**Αργεντινή** (θηλ.)	[arɉendiní]
Armenia	**Αρμενία** (θηλ.)	[armenía]
Australia	**Αυστραλία** (θηλ.)	[afstralía]
Austria	**Αυστρία** (θηλ.)	[afstría]
Azerbaijan	**Αζερμπαϊτζάν** (ουδ.)	[azerbajdzán]
The Bahamas	**Μπαχάμες** (θηλ.πλ.)	[baxámes]
Bangladesh	**Μπαγκλαντές** (ουδ.)	[banglʲadés]
Belarus	**Λευκορωσία** (θηλ.)	[lefkorosía]
Belgium	**Βέλγιο** (ουδ.)	[vélʲɉo]
Bolivia	**Βολιβία** (θηλ.)	[volivía]
Bosnia and Herzegovina	**Βοσνία-Ερζεγοβίνη** (θηλ.)	[voznía erzeɣovini]
Brazil	**Βραζιλία** (θηλ.)	[vrazilía]
Bulgaria	**Βουλγαρία** (θηλ.)	[vulʲɣaría]
Cambodia	**Καμπότζη** (θηλ.)	[kabódzi]
Canada	**Καναδάς** (αρ.)	[kanaðás]
Chile	**Χιλή** (θηλ.)	[xilí]
China	**Κίνα** (θηλ.)	[kína]
Colombia	**Κολομβία** (θηλ.)	[kolʲomvía]
Croatia	**Κροατία** (θηλ.)	[kroatía]
Cuba	**Κούβα** (θηλ.)	[kúva]
Cyprus	**Κύπρος** (θηλ.)	[kípros]
Czech Republic	**Τσεχία** (θηλ.)	[tsexía]
Denmark	**Δανία** (θηλ.)	[ðanía]
Dominican Republic	**Δομινικανή Δημοκρατία** (θηλ.)	[ðominikaní ðimokratía]
Ecuador	**Εκουαδόρ** (ουδ.)	[ekuaðór]
Egypt	**Αίγυπτος** (θηλ.)	[éɉiptos]
England	**Αγγλία** (θηλ.)	[anglía]
Estonia	**Εσθονία** (θηλ.)	[esθonía]
Finland	**Φινλανδία** (θηλ.)	[finlʲanðía]
France	**Γαλλία** (θηλ.)	[ɣalía]
French Polynesia	**Γαλλική Πολυνησία** (θηλ.)	[ɣalikí polinisía]
Georgia	**Γεωργία** (θηλ.)	[ɉeorɉía]
Germany	**Γερμανία** (θηλ.)	[ɉermanía]
Ghana	**Γκάνα** (θηλ.)	[gána]
Great Britain	**Μεγάλη Βρετανία** (θηλ.)	[meɣáli vretanía]

Greece	**Ελλάδα** (θηλ.)	[elʲáða]
Haiti	**Αϊτή** (θηλ.)	[aití]
Hungary	**Ουγγαρία** (θηλ.)	[ungaría]

100. Countries. Part 2

Iceland	**Ισλανδία** (θηλ.)	[islʲanðía]
India	**Ινδία** (θηλ.)	[inðía]
Indonesia	**Ινδονησία** (θηλ.)	[inðonisía]
Iran	**Ιράν** (ουδ.)	[irán]
Iraq	**Ιράκ** (ουδ.)	[irák]
Ireland	**Ιρλανδία** (θηλ.)	[irlʲanðía]
Israel	**Ισραήλ** (ουδ.)	[izraílʲ]
Italy	**Ιταλία** (θηλ.)	[italía]
Jamaica	**Τζαμάικα** (θηλ.)	[dzamájka]
Japan	**Ιαπωνία** (θηλ.)	[japonía]
Jordan	**Ιορδανία** (θηλ.)	[iorðanía]
Kazakhstan	**Καζακστάν** (ουδ.)	[kazakstán]
Kenya	**Κένυα** (θηλ.)	[kénia]
Kirghizia	**Κιργιζία** (ουδ.)	[kirʝizía]
Kuwait	**Κουβέιτ** (ουδ.)	[kuvéjt]
Laos	**Λάος** (ουδ.)	[lʲáos]
Latvia	**Λετονία** (θηλ.)	[letonía]
Lebanon	**Λίβανος** (αρ.)	[lívanos]
Libya	**Λιβύη** (θηλ.)	[livíi]
Liechtenstein	**Λίχτενσταϊν** (ουδ.)	[líxtenstajn]
Lithuania	**Λιθουανία** (θηλ.)	[liθuanía]
Luxembourg	**Λουξεμβούργο** (ουδ.)	[lʲuksemvúrɣo]
Macedonia (Republic of ~)	**Μακεδονία** (θηλ.)	[makeðonía]
Madagascar	**Μαδαγασκάρη** (θηλ.)	[maðaɣaskári]
Malaysia	**Μαλαισία** (θηλ.)	[malesía]
Malta	**Μάλτα** (θηλ.)	[málʲta]
Mexico	**Μεξικό** (ουδ.)	[meksikó]
Moldova, Moldavia	**Μολδαβία** (θηλ.)	[molʲðavía]
Monaco	**Μονακό** (ουδ.)	[monakó]
Mongolia	**Μογγολία** (θηλ.)	[mongolía]
Montenegro	**Μαυροβούνιο** (ουδ.)	[mavrovúnio]
Morocco	**Μαρόκο** (ουδ.)	[maróko]
Myanmar	**Μιανμάρ** (ουδ.)	[mianmár]
Namibia	**Ναμίμπια** (θηλ.)	[namíbia]
Nepal	**Νεπάλ** (ουδ.)	[nepálʲ]
Netherlands	**Κάτω Χώρες** (θηλ.πλ.)	[káto xóres]
New Zealand	**Νέα Ζηλανδία** (θηλ.)	[néa zilʲanðía]
North Korea	**Βόρεια Κορέα** (θηλ.)	[vória koréa]
Norway	**Νορβηγία** (θηλ.)	[norvʝía]

101. Countries. Part 3

Pakistan	**Πακιστάν** (ουδ.)	[pakistán]
Palestine	**Παλαιστίνη** (θηλ.)	[palestíni]
Panama	**Παναμάς** (αρ.)	[panamás]
Paraguay	**Παραγουάη** (θηλ.)	[paraɣuái]
Peru	**Περού** (ουδ.)	[perú]
Poland	**Πολωνία** (θηλ.)	[polʲonía]
Portugal	**Πορτογαλία** (θηλ.)	[portoɣalía]
Romania	**Ρουμανία** (θηλ.)	[rumanía]
Russia	**Ρωσία** (θηλ.)	[rosía]
Saudi Arabia	**Σαουδική Αραβία** (θηλ.)	[sauðikí aravia]
Scotland	**Σκοτία** (θηλ.)	[skotía]
Senegal	**Σενεγάλη** (θηλ.)	[seneɣáli]
Serbia	**Σερβία** (θηλ.)	[servía]
Slovakia	**Σλοβακία** (θηλ.)	[slʲovakía]
Slovenia	**Σλοβενία** (θηλ.)	[slʲovenía]
South Africa	**Δημοκρατία της Νότιας Αφρικής** (θηλ.)	[ðimokratía tis nótias afrikís]
South Korea	**Νότια Κορέα** (θηλ.)	[nótia koréa]
Spain	**Ισπανία** (θηλ.)	[ispanía]
Suriname	**Σούριναμ** (ουδ.)	[súrinam]
Sweden	**Σουηδία** (θηλ.)	[suiðía]
Switzerland	**Ελβετία** (θηλ.)	[elʲvetía]
Syria	**Συρία** (θηλ.)	[siría]
Taiwan	**Ταϊβάν** (θηλ.)	[tajván]
Tajikistan	**Τατζικιστάν** (ουδ.)	[tadzikistán]
Tanzania	**Τανζανία** (θηλ.)	[tanzanía]
Tasmania	**Τασμανία** (θηλ.)	[tazmanía]
Thailand	**Ταϊλάνδη** (θηλ.)	[tajlʲánði]
Tunisia	**Τυνησία** (θηλ.)	[tinisía]
Turkey	**Τουρκία** (θηλ.)	[turkía]
Turkmenistan	**Τουρκμενιστάν** (ουδ.)	[turkmenistán]
Ukraine	**Ουκρανία** (θηλ.)	[ukranía]
United Arab Emirates	**Ηνωμένα Αραβικά Εμιράτα** (θηλ.πλ.)	[inoména araviká emiráta]
United States of America	**Ηνωμένες Πολιτείες Αμερικής** (θηλ.πλ.)	[inoménes politíes amerikís]
Uruguay	**Ουρουγουάη** (θηλ.)	[uruɣuái]
Uzbekistan	**Ουζμπεκιστάν** (ουδ.)	[uzbekistán]
Vatican	**Βατικανό** (ουδ.)	[vatikanó]
Venezuela	**Βενεζουέλα** (θηλ.)	[venezuélʲa]
Vietnam	**Βιετνάμ** (ουδ.)	[vietnám]
Zanzibar	**Ζανζιβάρη** (θηλ.)	[zanzivári]

Made in the USA
Middletown, DE
02 July 2023

34458005R00064